Cómo mandar a la gente al carajo en diez nuevas lecciones

Cómo mandar a la gente al carajo en diez nuevas lecciones

César Landaeta H.

Grijalbo

Cómo mandar a la gente al carajo en diez nuevas lecciones

Primera edición en Penguin Random House Grupo Editorial SAS: febrero, 2014
Primera edición en México: marzo, 2014

D. R. © César Landaeta H.

D. R. © 2013, Penguin Random House Grupo Editorial SAS
    Cra 5A No. 34A-09
    Bogotá — Colombia
    PBX (57-1) 7430700

D. R. © 2014, derechos de edición para México, Estados Unidos,
    Puerto Rico y Centroamérica en lengua castellana:
    Penguin Random House Grupo Editorial, S.A. de C.V.
    Av. Homero núm. 544, colonia Chapultepec Morales,
    Delegación Miguel Hidalgo, C.P. 11570, México, D.F.

www.megustaleer.com.mx

Comentarios sobre la edición y el contenido de este libro a:
megustaleer@rhmx.com.mx

ISBN 978-607-312-189-7

Impreso en México / *Printed in Mexico*

Contenido

De nuevo, a Ivonne...
En cualquier nube del cielo

Dicen que me burlo de todo, me río de todo,
porque me burlo de ellos y me río de ellos...
Y ellos creen ser todo.

JACINTO BENAVENTE

Prólogo

Hace unos cuantos años, a causa de una erupción volcánica de esas que emite nuestro sistema emocional para desahogar tensiones, le lancé a una buena amiga la siguiente interrogante:

—¿Y por qué no mandas a esa gente al carajo?

Es bueno aclarar que aquella forma de confrontarla no contenía un ápice de intención agresiva, sino más bien el ferviente deseo de animarla a defenderse de quienes, en su lugar de trabajo, conspiraban para hacerle la vida imposible.

Mi sorpresa fue mayúscula al escucharla responder, con cara de absoluta y sincera inocencia:

—Es que no sé hacer eso. Enséñame tú, que eres psicólogo.

Llevado por la impulsividad de quien sólo desea mantener una postura de seguridad en sí mismo –esto es, sin calcular las dimensiones del compromiso– le prometí redactar y regalarle un manual sobre cómo aprender técnicas efectivas para librarse de personas tóxicas y de los efectos nocivos que aquellos individuos ejercen sobre su salud mental y física.

El tiempo pasó y la oferta no terminaba de materializarse. Mi amiga continuaba padeciendo y cada vez que me relataba una nueva situación en la cual caía víctima de los dardos que le lanzaban los manipuladores, los chantajistas o los saboteadores que la rodeaban por todas partes, procedía a reclamarme mi lamentable descuido.

Uno de esos días en que estaba particularmente preocupada y su consternación llegó a remover mi sentido de responsabilidad por la palabra empeñada, decidí sentarme a escribir un texto sobre asertividad para obsequiárselo en Navidad.

Debo reconocer que al principio era solo una especie de broma privada o quizás una forma razonable de complacer su ansiosa petición, pero, a medida que iba escribiendo y evaluando cada lección para incluirla en el manual, me di cuenta de que se trataba de un tema muy importante en la psicología humana y que, al reservarlo al consumo de mi amiga, la doctora Ivonne Pimentel de Medina, desestimaba la necesidad de tal clase de enseñanzas que podía tener el público general.

Así, con la generosa aprobación de su principal destinataria, en el año 2005 apareció en Caracas el predecesor del libro que ahora tiene en sus manos y que recibió por título el mismo que, en principio, mi sustrato inconsciente había programado: *Cómo mandar a la gente al carajo en diez fáciles lecciones*.

Como ocurre con casi todas las percepciones intuitivas, mi apreciación resultó ser correcta. El libro comenzó a venderse con una velocidad vertiginosa, lo que demostró que existía un interés latente en la población por conocer estrategias útiles para preservar y extender su rango de libertad individual.

Muchos han sido los aportes que he recibido desde aquellos tiempos no tan remotos. Ya sea por correspondencia directa de los lectores o mediante el simple intercambio social con personas agradecidas por haberlas provisto con el escudo que tanto ansiaban para protegerse del abuso cotidiano al que a veces se ven sometidas, la avalancha de buenos comentarios que me ha ayudado a expandir mi conocimiento al respecto es muy gratificante.

De la valiosa información que en este proceso ha caído sobre mi mesa de trabajo mental he seleccionado aquellos temas que se repiten con mayor frecuencia, para elaborar ahora un texto complementario, convencido además de la falsedad de la vieja sentencia que advierte sobre la supuesta mala calidad de las segundas partes.

Sospecho que el inventor de semejante aforismo debe haber sido un hijo primogénito, influido por el llamado complejo de Caín, resentido por el cúmulo de atenciones que recibía algún hermano menor.

De modo que, como un padre observador y deseoso de que exista equilibrio en su familia, me he propuesto no interferir con la personalidad de estas dos producciones y darle a cada una el espacio que merece.

Lo que encontrará en las siguientes páginas son diez nuevas lecciones de cómo mandar a la gente al carajo, mas se aclara, de paso, que lo novedoso no alude a que sus contenidos se hayan descubierto recientemente o fabricado *ad hoc,* con el único fin de sacar una extensión del texto inicial.

En aquella publicación intentaba hacer una aproximación general al tema de la libertad individual, desde el punto de vista de la asertividad (capacidad para autoafirmarnos y exigir nuestros derechos sin recurrir a conductas agresivas). Las técnicas sugeridas en el presente volumen son nuevas, en el sentido de que son dirigidas a situaciones más específicas, como la relación con la familia, el trabajo, la pareja, etc.

La motivación para traer a sus manos un reforzamiento de las pautas de autoafirmación antes expuestas obedece al hecho de que quienes han escogido como oficio predilecto perturbar nuestra calma no descansan y cuando ven amenazada su "estabilidad laboral", porque a un inoportuno escritor se le ocurrió descubrirles el juego, corren a desarrollar mejores estrategias de asalto y cambiar los disfraces que a menudo utilizan, así como las formas abiertas o sutiles de cobrar sus mal habidos "salarios" emocionales.

Me ha parecido apropiado, entonces, entregarles a sus potenciales víctimas otra barrera de inmunización para que, desde ella, puedan defenderse de los ataques de estos nefastos depredadores y no enfermar por la contaminación viral que propagan.

Como lo hice en el tomo anterior, en este también cumplo con la obligación de dejar en sus manos la decisión de acoger mis sugerencias o enviarme al palo mayor (recordemos que la palabra *carajo* proviene de la cesta que tenían las naves antiguas en lo alto de su mástil), sin otra fórmula de juicio que la debida a un reo convicto y confeso de estar animado por sanas intenciones. Con resignación asumiré la responsabilidad de mis acciones sin ejercer ningún recurso de apelación, debido a mi absoluta falta de arrepentimiento.

Si, por el contrario, lo expuesto en estas páginas le sirve de reflexión y –como sucedió en el caso de la doctora Pimentel– de instrumento para tener una vida algo más libre y satisfactoria, lo único que me queda por pedirle es que se convierta en promotor de las ideas que puedan ser aprovechables para sus amigos, familiares o esos desconocidos que a veces prestan sus oídos a las conversaciones ajenas, sin saber de qué se trata el mensaje.

Todos ellos sabrán agradecer su intromisión, tal como se da la bienvenida a la mano que nos aparta de la incomodidad de una cama de púas, para mostrarnos que hay mejores formas de descansar nuestros adoloridos huesos. Es posible que no reciba más recompensa que verlos libres y saludables, pero ¿acaso se puede desear algo mejor?

De antemano, le expreso mi agradecimiento por su confianza y afirmo mi deseo de que disfrute al máximo en su ejercicio de mandar a cierta gente al mismo carajo, de donde nunca debió salir.

CÉSAR LANDAETA H.

Usted no es tan bueno
como cree ni tan malo como teme

Si suponemos que el lector se ocupa cada día en la tarea filosófica de preguntarse: ¿Quién soy yo?, a la cual debe seguir una respuesta contundente, tal como: ¡Soy un individuo valioso que merece respeto!, mi recomendación será que dedique un tiempo a analizar los conceptos elementales contenidos en su código de ética personal.

Quizá pueda usted dudar de la necesidad de una revisión semejante, ya que, si está interesado en leer sobre libertad y formas de sacudirse estorbos, es porque ha salido de la niñez y es esperable que cuando uno pasa a etapas evolucionadas de desarrollo, tenga un criterio formado sobre esto de los valores y demás asuntos relacionados con lo que es correcto o no.

Si, en efecto, ha alcanzado altas cotas evolutivas en su personalidad, lo justo es que le dé mis parabienes y un reconocimiento por el loable trabajo de maduración que han hecho tanto usted como la familia que lo formó. En ese caso, no va a tener ningún problema en acoger mi sugerencia, dado que las personas maduras suelen estar abiertas a cuestionamientos sensatos y dispuestas a mantener actualizados sus esquemas de funcionamiento.

Así, podemos comenzar por revisar las cualidades que lo caracterizan en el trato con sus semejantes.

Una nueva pregunta, dirigida a activar sus recursos de autoanálisis, sería:

¿Se siente una persona buena o mala?

A esta cuestión puede responderse de cuatro maneras diferentes: buena, mala, promedio o no tengo idea, que lo digan los demás.

Tal vez, si estiramos la frontera probabilística, cabría una quinta posibilidad:

No uso ninguna de esas categorías para definirme. Los conceptos bueno y malo son juicios de valor y por lo tanto, muy subjetivos.

Si usted es de quienes sostienen esta última categoría de análisis, piense de nuevo. Una revisión cotidiana a las jerarquías de valores y actitudes puede ser muy conveniente cuando alguien se plantea vivir como mejor le plazca. Bueno es recordar que por allí andan otros que desean algo similar y no está demás guardar cierta consideración hacia nuestros semejantes.

—¡Perfecto! —dirá usted—. ¿Y de qué puede servir esto para el tema que nos ocupa?

—De mucho —le responderé.

Cuando una persona no tiene clara la influencia que ejerce sobre su conducta un código que le fue instalado en los años de la niñez y del cual no puede desprenderse, por mucho que lo barnice con inteligentes racionalizaciones, será bastante menos eficiente en el trabajo de sacudir de su lado a gente innecesaria o molesta. De hecho, muchas injusticias se cometen en nombre de una supuesta aspiración a la libertad que en realidad encubre propósitos o motivaciones menos dignas de elogio.

La mejor recomedación, para no caer en actuaciones que pueden causar más daños que beneficios, es circular tácticamente entre lo aprendido y lo que nos dice la razón actual.

De esta forma, estaríamos en buenas condiciones para aumentar nuestra objetividad al juzgarnos y calificar lo que hacemos en términos de la mejor utilidad que la simple polaridad "bueno" o "malo".

Desde luego, poco podemos hacer para evitar la comodidad de escoger entre un extremo y el otro. En el hablar coloquial y, por efecto de la economía mental que nos exige el cerebro, tendemos a definir lo que nos gusta situándolo en el polo más positivo posible y a hacer lo contrario cuando algo no encaja con nuestra preferencia. Sin embargo, en la realidad, nadie es tan malo como lo juzgamos ni tan bueno como desearíamos.

Una prueba de ello es que hasta el ícono mundial de la malignidad, como viene a ser Adolfo Hitler, mostraba ciertos rasgos de bondad hacia su perro y reportes confiables aseguran que tampoco se le veía en un plan de reprochable crueldad en la relación con su amante, Eva Braun.

Por otro lado, se le ha criticado a la Madre Teresa de Calcuta –representante universal de la bondad suprema– el hecho de que haya recibido dinero de un estafador como el norteamericano Charles Keating o la Legión de Honor de manos del tirano "Baby Doc" Duvalier, de Haití[1], entre otras actuaciones algo dudosas.

Como es de ver, hasta los puntos más distantes de un juicio ético pueden caer bajo el peso de la realidad psicológica. Dicho esto, procedo a aclarar la motivación que me ha llevado a incluir este análisis previo a las lecciones de cómo mandar a la gente al carajo.

La experiencia clínica ha demostrado que el concepto que tenemos sobre nuestras acciones va a determinar el grado de tolerancia que mostremos hacia nosotros mismos, así como hacia aquellos con quienes debemos interactuar en nuestra vida social.

Dejarse llevar por razonamientos derivados de un planteamiento cómodo o poco apegado a lo real, como

---

1 Martín Caparrós, "¿Por qué detesto a la madre Teresa de Calcuta?", Blog Sin Dioses, 27 de agosto de 2010, http://blog-sin-dioses.blogspot.com.es/2010/08/por-que-detesto-la-madre-teresa-de.html.

el que acabamos de señalar, nos pone por el lado de la sobreestimación personal en riesgo de convertirnos en personajes intransigentes, engreídos y abusadores, mientras que, si nos ubicamos en la posición contraria, nos exponemos a bajar nuestra autoimagen, descalificarnos y llegar hasta el punto más cercano a la depresión.

Así como suelo prevenir a quienes me consultan sobre este punto tan importante, le recomiendo estar alerta sobre las etiquetas que, desde el medio social, estiman su conducta en un sentido u otro, y aquí debo pedirle a usted, amigo lector, que por favor no me diga que le importa muy poco el "qué dirán".

A menos que usted viva dentro de una caverna solitaria o en lo profundo de la selva amazónica, su presencia en el mundo causará un inevitable impacto en aquellos que lo rodean y, sin duda, será afectado por los mensajes que le envíe de vuelta su entorno inmediato.

Un número considerable de estudios relacionados con el área de la percepción social refleja la influencia ejercida por los aprendizajes previos y los estereotipos que cada individuo comparte culturalmente en las respuestas que emite hacia sus semejantes.

Aplicado a lo que aquí discutimos, esto significa que si el aspirante a un cargo asiste a una entrevista y el encargado de realizarla lo califica de antemano como "mala persona", sólo porque se le parece al chico que lo acosaba en el colegio, sus posibilidades de conseguir el empleo se reducirán enormemente.

Igualmente, si una estudiante universitaria encuentra que su profesora de Matemáticas Financieras lo asocia con la "infame vampiresa" que le quitó al marido hace unos meses y cuyo duelo no ha podido superar, ya puede ir retirando la materia y esperar al siguiente semestre para volver a tomarla, de preferencia con un miembro masculino del grupo académico, ya que la señora puede haberse dedicado a comentar la semejanza en cuestión para reclutar refuerzos entre sus compañeras docentes.

Desde luego, mi propósito al llamar la atención sobre lo que la gente piensa acerca de usted es aumentar su rango de análisis, no inducirlo a que se someta totalmente al "qué dirán", para dar los pasos que crea necesarios en su vida.

Aún más contrario a mi deseo es que se dedique a ajustar su imagen o su forma de actuar a los avatares de una sociedad, por demás bastante arbitraria en la selección de sus héroes y villanos.

Lo que quiero puntualizar es que aquellos a quienes queremos mandar al carajo suelen nutrirse de cualquier afán que mostremos por complacerles en sus apreciaciones y, si nos descuidamos en darnos la justa calificación que merecemos, ellos lograrán ubicarnos donde quieran, en cuyo caso estaremos perdidos.

Si asumimos que quien se apresta a tomar la decisión de apartar estorbos de su camino goza de una moderada estabilidad en su personalidad, esto es, que no es un energúmeno de tomo y lomo a quien todo le molesta porque aspira a la perfección absoluta y despotrica contra lo que parezca tener algún rasgo irregular, podremos resumir la línea de arranque en una especie de conjura de esas que tanto gustan a los profetas de la Nueva Era:

"Soy una persona que merece respeto. Ni buena ni mala. Tan solo alguien con derecho a la libertad de tomar decisiones cuando lo crea preciso. Si me equivoco, rectifico, y si creo que estoy en lo correcto, continuaré en mi camino".

¡Al carajo con los rótulos morales!

Como quizá lo haya captado, el punto central de este enunciado es el convencimiento de que usted tiene derecho a lo que le corresponda de libertad individual, siempre y cuando tenga el debido respeto por el mismo derecho en los demás. Y si, además, emplea un medidor ajustado a la realidad para evaluar su conducta, pues tanto mejor.

Ser libre es un gesto interno, una energía motivadora de la conducta y no un tótem al cual rendir culto.

Reconocer el plano en el que uno se mueve, sin otra meta que vivir del modo que ha escogido; aceptar que se puede herir a otros y a la vez ser herido por ellos; que se puede triunfar o fracasar y que, en un gran porcentaje, las consecuencias derivadas de nuestros actos depende únicamente de las selecciones que hagamos: he ahí el reto que se nos plantea cada día.

Dicho esto, procedamos con el estudio de lo que resolví titular como "lecciones", pero que, en rigor, no son sino sugerencias extraídas de una larga experiencia profesional, apoyadas en la captación de lo que es invisible para la conciencia, como a menudo lo son las recomendaciones que damos los psicólogos.

Está usted en total libertad de aceptarlas, asumiendo que las respalda un conocimiento de la materia, cuestionarlas como se lo dicte su inteligencia o echarlas al canasto de la basura, como le aconsejaría una implacable instancia saboteadora que desea verlo continuar su vida sin cambios, aun cuando sean para mejorarla.

La decisión estará siempre y únicamente en sus manos.

Lección 1
Aprenda a usar su rabia

¿Que si dan rabia los abusadores y los majaderos? ¡Pues claro que sí! Esa es la emoción básica que nos impulsa a querer asestarles un buen puntapié en el trasero y enviarlos al espacio sideral.

A pesar de lo que se diga en muchos códigos morales o religiosos, lo cierto es que, desde el punto de vista psicológico, no hay nada de malo en experimentar sentimientos de ira, cuando éstos están más que justificados. Pero ¿cómo hacerlo sin que nos conduzcan a situaciones violentas que deben evitarse?

Veamos: lo primero que tenemos que hacer es quitarnos de la cabeza la idea de que mandar a la gente al carajo implica insultar con palabras gruesas o andar a los porrazos, como si con ello pudiéramos ganarnos el respeto o la obediencia que creemos merecer.

La equivocación popular más difundida sostiene que un aire de abierta hostilidad es un signo revelador de fortaleza interna y aplomo, cuando es todo lo contrario. Las personas fuertes, por lo común, actúan con serenidad y firmeza en su actitud, sin incurrir en vociferaciones o desplantes descontrolados. Ellas son como los grandes árboles que, a simple vista, nos informan que no nos irá nada bien si los embestimos con la cabeza desprotegida. No necesitan desgañitarse como la gente débil, incapaz de resistir la más mínima contrariedad.

Descartemos, entonces, la estrategia del atropello y el bullicio para movernos hacia una actitud menos beligerante, con la cual desde luego no atraeremos el aplauso de una multitud como la que asiste a la lucha libre o al boxeo, sino la callada admiración de los más sensatos.

Mi costumbre es aconsejar en contra de las actuaciones desmedidas y las bravuconadas cuando queremos mandar a alguien al carajo, no sólo por lo antes expuesto, sino por la posible existencia de una grave tendencia masoquista en alguno de nuestros contendores, factor que le haría mantenerse adherido a nuestra piel e insistir en su necia conducta, sólo para recibir los golpes que tanto le agradan.

A menos que en su personalidad exista un profundo rasgo de sadismo, contraparte eminente del masoquismo, lo mejor es que usted se evite malos ratos de tal naturaleza.

Es necesario que tampoco se vaya al polo opuesto: tragarse el malestar y poner cara de ángel, cuando por dentro le consume un fuego vengador. Se ha comprobado que dejar de contactar con los elementos rabiosos desatados por razones justas es perjudicial tanto para su salud general como para la eficiencia que requiere una conducta evolucionada.

Teniendo en cuenta la fórmula griega de la templanza, lo ideal sería que encontrara un punto medio de equilibrio que le permitiera prevenir más disgustos de los que ya tiene.

Observe que he utilizado "razones justas" en una de las líneas anteriores para enfatizar que la evaluación de su irritación debe estar fundada sobre elementos reales y no en un exceso de susceptibilidad de su parte.

Esto quiere decir que, si algo le causa enojo, sepa bien por qué, pueda razonarlo a conciencia y seleccionar la respuesta más adecuada al estímulo que le ha ocasionado la molestia. He ahí una buena prueba para su madurez y la demostración de que en su actitud existe el respeto que les exige a los demás.

Vamos viendo que no es tarea fácil entenderse con las reacciones causadas por emociones para usarlas de manera adaptativa y sacar de ellas el mejor partido. ¿Verdad?

La psicología silvestre, la que no se ha estudiado en la universidad, ha estimulado el estallido catártico como la perfecta vía de expresión emocional. Muchos son los practicantes de ciertas orientaciones terapéuticas que recomiendan sacarse a gritos las tensiones corporales para aliviar la mente.

En ambos casos se parte del supuesto erróneo de que hay emociones "positivas" y "negativas". Según esta valoración, entre las primeras se contarían la alegría y el amor, mientras que entre las segundas estarían la tristeza, el miedo y la rabia.

Quienes se desempeñan en el trabajo clínico saben que no hay tal cosa en la personalidad y que todas las emociones son parte del equipo que traemos desde el nacimiento para reaccionar y defendernos o adaptarnos al medio, con lo cual podemos calificarlas, sin temor a equivocarnos, como normales.

Lo que determinará la calificación definitiva es el tipo de conducta que ellas nos lleven a ejecutar. Si, arrastrados por la euforia, prorrumpimos en un griterío estruendoso para celebrar el gol que anotó nuestro equipo favorito de fútbol, estaremos obedeciendo a una emoción positiva, pero si lo que hacemos es asestarle un puñetazo en la cara a un fanático del bando rival, sin duda lo que sentimos es muy negativo.

La diferencia entre una expresión emotiva adecuada y otra que no es para nada aceptable siempre deviene de un aprendizaje previo y, como tal, debería ser parte del trabajo de los padres en la formación de sus hijos.

Es lamentable que en casa tienda a descuidarse ese aspecto y se deje al azar o a la influencia de consignas superficiales la tarea de moldear el estilo en que los niños demostrarán lo que les agita el corazón.

Basta pensar en uno mismo o detenernos un momento a observar a cualquier grupo familiar para ver el modo improvisado como se imparte la instrucción sobre el manejo de los estados de ánimo. Cuando los pequeños se muestran alegres en exceso, se les ordena calmarse para que no se les tilde de locos o para que no atormenten a los adultos con sus voces chillonas. Cuando lucen tristes, se les pregunta si están enfermos. En caso de respuesta negativa o de afirmar que en efecto no se sienten felices, se les apostrofa por su falta de gratitud. Según sus padres, ellos "lo tienen todo", a diferencia de tantos pobres a quienes tal suerte se les ha negado.

Si expresan sus temores abiertamente, ya sea con palabras o conductas huidizas, algunos tratan de calmarlos cuanto antes, sin entender las causas reales que les asustan, mientras los más duros de corazón los acusan de cobardes o pusilánimes.

Y, por último, cuando no pueden contener su indignación y se enfrentan con decisión a lo que les disgusta, se les reprime con un fuerte coscorrón o con el manido latigazo verbal: ¡A mí no me faltes al respeto!

Resulta evidente que, de semejante trato, es muy difícil sacar un patrón estable acerca del manejo de las emociones. Si a esto añadimos el espectáculo de modelaje que dan los mayores cuando son movidos por sus propios arrebatos, tendremos una ensalada educativa digna de una obra surrealista.

De tales escenarios cotidianos solo puede derivarse como enseñanza que nuestra conducta emotiva es guiada desde alguna cabina desconocida e impredecible y que más le valdría a uno adquirir la tarjeta de control de un robot para instalársela en el cerebro.

En lo que respecta a la rabia parece haber mayor confusión. Son innumerables los hijos que aprenden a vivirla como un sentimiento que debe evitarse ante la familia, pero que es permisible si se trata de no convertirse en "el tonto del colegio". Ahí tenemos de nuevo la separación entre "lo malo" y "lo bueno": si atacas en casa, eres malo; si atacas a los desconocidos, eres bueno.

¡Qué desastre!

¿Cuándo se aceptará que lo único reprensible en los sentimientos rabiosos es la proclividad a la violencia? ¡He ahí lo que hay que limitar, ya sea hacia extraños o hacia familiares!

A diferencia de lo que estipulan los códigos más tradicionales, en el plan de acción que propongo para mandar a cierta gente al carajo no existe una estimación del comportamiento agresivo como instrumento para la solución de conflictos, sino cuando ya se han agotado todas las instancias previas de evitación y sólo queda como recurso una desesperada acción defensiva.

Antes de llegar a ese punto, la táctica sería, en primer lugar, aceptar que usted tiene un conjunto de emociones por educar y que, lejos de explotar o restringirse en un apretado cilicio, como se lo indica el código enseñado en su medio sociofamiliar, la meta es transformar lo que le molesta en algo más tolerable o satisfactorio.

Mirada bajo una óptica objetiva, estará de acuerdo conmigo en que la rabia es la fuerza que ha impulsado los mayores progresos en la humanidad.

Naturalmente, no me estoy refiriendo a la inmensa cantidad de guerras absurdas que abundan nuestra historia, sino a los verdaderos cambios que nos han permitido avanzar desde los tiempos en que un garrotazo en la cabeza era la fórmula predilecta de negociación hasta nuestros días y, aunque algunas zonas del mundo continúan fijadas en aquel pasado, esto cae fuera de nuestra actual área de interés.

La terca persistencia con la que Wilbur y Orville Wright se dedicaron a diseñar un aparato volador más pesado que el aire y lidiaron con los repetidos fracasos y la tenaz oposición que les presentaron los escépticos de la época, el fervor que puso Galileo en sus investigaciones astronómicas, en contra de los

enfebrecidos perseguidores inquisitoriales y la ignorancia que campeaba entre sus coetáneos y las
agobiantes experiencias de cientos de innovadores que
han soportado amenazas, envidias y enjuiciamientos,
todas estas actitudes deben haber tenido como telón
de fondo una expresión rabiosa del siguiente tenor:

¡Estoy en lo cierto y no me harán cambiar!

Una postura de esa clase es la que recomiendo
para mandar al carajo a quienes se atraviesan en su
camino con malsanas intenciones bloqueadoras.

Su mayor empeño debe estar centrado en fijar
bien sus objetivos y emprender el camino de alcan-
zarlos con decisión y con cuidado de tener a la vista
y bajo control los sentimientos que le despierten los
obstáculos, ya sea que surjan de forma inevitable o
que sean colocados por individuos menos elaborados
en su personalidad, a quienes les molesta la supera-
ción ajena.

No deje de ensayar su capacidad de tolerancia
para cuando encuentre oposición o críticas, pero sin
exceder el término de la paciencia hasta los índices
del santo Job.

Convencer de unirse a su causa a quienes duden o
interpongan barreras sería lo ideal, mas cuando no se
trata solo de individuos lerdos, incapaces de sumarse
a alguna empresa de altura, sino de verdaderos enemigos, dispuestos a dar al traste con sus proyectos o
de aquel género de imbéciles que entorpecen la mar-

cha de los exitosos mediante burlas o comentarios denigratorios, no vacile en sacar el sable verbal de su vaina y cortar una que otra cabeza. (La siguiente lección le ayudará a mantener afilado ese temible instrumento de combate).

La experiencia nos dice que, así como existe gente amable, grata y valiosa, también hay un montón que repudia a quienes se ven enrumbados hacia la cumbre.

La regla de oro, entonces, viene a ser:

Acepte que la rabia es parte importante de su repertorio de respuestas y que, si aprende a utilizarla como un mecanismo de protección, le puede servir para enviar a los impertinentes al carajo.

Enójese como es debido cuando sienta que se le impide su progreso.

Mantenga la convicción de que todas sus emociones son válidas y que la injerencia de personajes animados por oscuros propósitos le provoca una lógica reacción rabiosa.

Ejercite su musculatura verbal y empléela para sustituir la acción física que, en el fondo, le gustaría desplegar y sacúdase de encima a los impertinentes. Seguro que no le harán falta ahora ni en el futuro.

Con individuos de esa clase, vale el viejo adagio que reza: mejor solo que mal acompañado.

Lección 2
Afile su lengua

Durante una entrevista en Roma, un periodista trataba de poner en aprietos a Jorge Luis Borges. Como no parecía lograrlo, dada la consabida astucia del ilustre escritor, probó con algo que pretendía hacerle saltar de su asiento:

—Dígame, ¿en su país todavía hay caníbales?

—Ya no —contestó Borges sonriendo—. Nos los hemos comido a todos[2].

He aquí una gran demostración de agilidad, recursos intelectuales y, por supuesto, de una lengua muy bien preparada para la defensa. Sin duda, don Jorge Luis sabía cómo mandar al carajo a los atarantados que se creen muy listos.

No son demasiados los que poseen el sarcasmo del genio argentino, pero tampoco es que el resto

2 López, Alfred. "Diez curiosas anécdotas de famosos escritores (2)". *20minutos*, 12 de abril de 2012, http://blogs.20minutos.es/yaestaellistoquetodolosabe/diez-curiosas-anecdotas-de-famosos-escritores-2/

de los mortales estemos impedidos para darle curso a nuestra mordacidad y largarnos con una salida de feria.

Aun cuando existen formas directas de evitarse contratiempos, como desviarse del camino que transitan los necios, sumirse en un silencio sepulcral, recurrir al puñetazo en la nariz –del cual ya hablamos como la última instancia de apelación– o cualquier otra medida que improvise nuestra mente, nada supera al oportuno sablazo verbal.

Lo ideal para adquirir pericia en el arte de tasajear a un contrincante con la cortante hoja de la ironía o el contundente martillo de la absoluta sinceridad sería que usted tuviera en su haber algún tipo de entrenamiento preliminar.

Por lo general, este tipo de educación en la respuesta se adquiere en familias que no utilizan el castigo físico como medio de coerción, sino que caricaturizan el comportamiento inadecuado del hijo mediante sutiles dramatizaciones o agudas críticas, no a él como persona, sino a la conducta que se quiere corregir o hacia aquellos de quienes se pueda haber copiado el modelo negativo.

Un hombre que asistía a mi consulta me contó un rifirrafe que tuvo con su hijo de 12 años, que nos puede servir para ilustrar este tipo de estrategia.

El preadolescente en cuestión no era lo que pudiera llamarse una mala pécora o un rebelde sin causa.

De hecho, su desempeño en la evaluación psicológica le situaba dentro de la normalidad establecida para su rango de edad. Con todo, era inevitable que cayera de vez en cuando en las manipulaciones a las que apelan los pequeños granujas cuando quieren salirse con la suya.

Así, en medio de la momentánea refriega que sostuvo con su progenitor, luego de comprobar que no había forma de derrotar a tan duro oponente, optó por lanzarle la bomba más cargada que tenía en su arsenal:

—¿Ves? Por eso es que hay hijos que se matan.

Lejos de consternarse o pulsar el botón de pánico, como haría cualquiera en su lugar, el señor se mantuvo sereno. Tomó una hoja de papel de la mesa y se la dio.

Extrañado, el chico le preguntó qué quería que hiciera con ella, a lo que el padre contestó:

—Es para tu testamento. Tal vez deberías dejarle a tu hermano el PlayStation, a tu mamá, el IPod y a mí, la computadora. Cuando estés muerto, nada de eso te hará falta. Por lo demás, puedes matarte cuando quieras. Yo he cumplido mi trabajo. Salúdame a los diablitos que te van a acompañar por toda la eternidad.

Como era de esperarse, la trágica ópera que había comenzado a montarse quedó destartalada de inmediato.

Después, en consulta, el muchacho me contó su versión de los hechos, acompañada de un comentario que jamás olvidaré:

—No pude decir nada —dijo con una cara que no ocultaba cierta satisfacción—. Mi papá es demasiado inteligente. Algún día tendré que ser como él.

Aquí puede verse un perfecto ejemplo de cómo sacudirse el yugo del chantaje emocional, sin descontroles innecesarios o agresiones que compliquen más la situación. El padre salió victorioso de la trampa manipuladora de sentimientos y el hijo ganó un modelo que, con toda seguridad, le servirá para su vida futura.

Lastimosamente, éste no es el mecanismo empleado por la mayoría de quienes se apegan a patrones de una crianza que se ha repetido por los siglos de los siglos y, por eso, es muy probable que ahora usted tenga la necesidad de ejercitarse en la disciplina del "corte con bisturí".

El paso inicial para lograr una cierta destreza sarcástica es conocer bien el lenguaje que se utiliza. Esto es trascendental, porque una de las peores situaciones en que alguien puede encontrarse es quedarse sin herramientas comunicacionales al no poder captar el sentido de lo que le han dicho o, como sucedió con el joven de la historia anterior, sin chance de escoger, entre un amplio listado de palabras, aquellas con las que se va a responder.

Un adecuado dominio del idioma proporciona un margen extra de ventaja sobre una gama mayor de interlocutores, en virtud de que, como ya hemos dicho, no son demasiadas las personas que están preparadas para manejar bien la comunicación oral. Eso sí, no es conveniente rebuscarse demasiado. Al usar términos poco usuales o rimbombantes, lo único que se logra es dejar al descubierto una urgente necesidad de sobresalir o de ganar un campeonato de erudición.

También es útil poner atención a lo que se recibe como mensaje.

En su libro *Los siete hábitos de la gente altamente efectiva*, Stephen Covey recomendaba no escuchar para responder, sino para entender. Con esto no sólo quería exaltar la buena costumbre de prestar un oído respetuoso a la conversación, sino también aprender a controlar la impulsividad.

Si en una interacción cualquiera alguien toca nuestra sensibilidad y reaccionamos tan velozmente como una trampa de ratón, corremos el riesgo de ser nosotros los entrampados. El foco de atención debe concentrarse en la estructura del discurso que llega a nuestros oídos, los vocablos que se emplean y la entonación de cada uno.

Armados con una generosa dosis de paciencia y control emocional podemos descifrar el significado del mensaje, hasta ver con claridad meridiana aquello que el otro desea obtener.

Se deduce, en consecuencia, que la técnica más eficaz es dejar hablar a nuestro contrincante, sin interrumpirlo con desesperación. Mientras aquel se desvive por desplegar su amplia sabiduría o por rebajar a quien no opina de la misma forma, los procesos de integración cerebral de un oyente prevenido se encargarán de estructurar la pauta de respuesta más adecuada, con dos ventajas apetecibles: la primera, si la intención del hablante es honesta y sana, podrá ser validada con una comunicación abierta y menos protegida. La segunda, si en el discurso hay engaños o malicia oculta entre líneas, a un receptor paciente y alerta le será fácil preparar una salvadora estrategia defensiva.

Dado que la última opción es la que en verdad ameritaría un poderoso envión hacia las inmensidades espaciales del carajo, dejaremos la primera en un altar como un gustoso homenaje a la gente sincera y nos ocuparemos de ver cómo se puede lidiar con los tramposos.

Mediante una comprensión adecuada del tema tratado y la detección de las motivaciones reales de un personaje malintencionado, nos ubicamos en el mejor plano para crear situaciones en las que el otro no pueda responder como quisiera. Vale decir, nos encontraremos en una posición conocida en la teoría de la comunicación como *one-up*.

Este término anglosajón, cuya traducción al español es muy variada (a veces es usado de manera equívoca como "superioridad"), alude a una maniobra que permite apoderarse del control de la interacción, con la intención de ser quien marque la ruta a seguir, sin que el rival tenga conciencia de ello o forma alguna de evitarlo.

Existe un amplio espectro de modalidades para conseguir el dominio de la situación, pero, a los fines de esta lección, escogeré aquella que ofrece un mayor número de prestaciones útiles.

Imagine por un momento que uno de esos maledicentes que se entretienen en propagar chismes o calumnias con respecto a otras personas desea involucrarle en uno de sus repudiables actos destructivos de la reputación ajena.

Un día se le acerca en plan de cómplice y le dice:

—Sabes cómo soy de prudente, pero tú y yo somos gente de principios y creo mi deber informarte que fulano anda con zutana, haciendo tal o cual cosa.

Debido al conocimiento que tiene del individuo y tras ajustar bien el visor de su disparador de misiles verbales, usted responde con tranquilidad:

—No me consta lo prudente que puedas ser y tampoco sé si tus principios son iguales a los míos, pero de que te gusta el chisme, eso es seguro.

¿Qué cree que pasaría?

La regla general en una aproximación de este tipo es que se produzca un brevísimo lapso de perplejidad en la mente de aquel que inició la plática. Si usted logra aprovecharlo y demorar una nueva respuesta de su parte, estará instalado con comodidad en la mencionada posición *one-up*.

A continuación, podrá hacer lo que crea más conveniente, pero me permito recomendarle que continúe la conversación y añada algo como:

—No te preocupes, que esto que me acabas de contar no lo sabrá nadie más. Y mira… ya tengo que irme, se me acaba de despertar una comezón en la parte del cuerpo donde más "principios" tengo.

Cerrada la rueda y ¡al carajo el hipócrita!

Si al alejarse se le ocurre dar vuelta a su cabeza, es posible que se divierta aún más al verlo todavía estático, con la boca abierta y dispuesto a no volver a estorbarle con su desagradable presencia. Podrá entonces regresar su "arma lingual" a la noble funda que le pertenece y saborear el agradable gusto de haberla usado para meter en cintura a un chismoso.

El éxito, en esta ocasión, proviene de haberse puesto un paso por delante del siguiente eslabón de la cadena conversacional. Con esto queda bien ajustado para predecir el desenlace de la misma, en vez de conformarse con las fórmulas habituales de la complicidad o la santa paciencia y seguir soportando a quienes envenenan los ambientes de las relaciones humanas.

Una última muestra de lo que es una lengua filosa me la dio la conductora de un programa televisivo, al contestar a un activista político que la acusó frente a las cámaras de hacer un programa lleno de mentiras y fantasías.

Ella lo miró fijamente, pero sin trazas de rencor o de enojo por su abuso de confianza, interrumpiéndole de pronto para decir:

—Disculpe. Tal vez al recibir la correspondencia que le enviamos, usted no había visto antes nuestro programa. De haber sido así, se habría dado cuenta de que aquí las fantasías y las mentiras únicamente pueden ponerlas los invitados. Ahora, puede continuar con lo que nos estaba diciendo.

¿Cómo le parece? ¿No es ese un rotundo sacudón a quien pretendía encerrar en estrechas paredes a una mente ágil y despierta?

La maestría demostrada por la entrevistadora consistió en no caer en la defensa estilo *ping-pong* o en la absoluta estupefacción por la agresividad del entrevistado. No sólo hizo gala de una habilidad extraordinaria para responder, sino de una autoestima superlativa y dejó evidenciada ante la audiencia la cualidad mentirosa que él quería endilgarle y que ahora ella le había devuelto. Nada más había que añadir para pulverizar aquel torpe ataque y así lo confirmó un murmullo ininteligible en la acera contraria.

¿Cómo adquirir tal maestría verbal? ¿No es demasiado difícil reaccionar con tal velocidad y precisión ante eventos o personas que pueden variar demasiado? Son preguntas muy válidas que he recibido con gran frecuencia.

De hecho, es un proceso que no viene de forma natural en nuestro arsenal biológico. Se trata más bien de un método aprendido a partir de las experiencias con individuos llenos de intenciones nocivas.

Si su anhelo es vivir con cierto grado de libertad, sin detestables injerencias externas y protegido de ataques arteros, lo más saludable es que tome conciencia de la necesidad que tiene de una efectiva capacidad de respuesta.

Una vez incorporada tal convicción, el resto lo dará la práctica cotidiana y la adquisición de materiales de respaldo.

Cierto colega, conocido por su flexibilidad de pensamiento y su agilidad para desollar a sus contrincantes en conferencias públicas, me confesó haberse ayudado con la lectura de frases y anécdotas de personajes como Winston Churchill, Mark Twain, Oscar Wilde y George Bernard Shaw. Unos maestros en el empleo del cuchillo verbal.

Mi advertencia en relación con las técnicas de defensa "lingual" es no tratar de pasarse del límite y convertir cada conversación en una batalla por el poder.

La tendencia a imponer el criterio propio, sin tener la razón o sin tomar en cuenta el hecho de que no todo el mundo anda en un plan perverso, es un típico rasgo neurótico y hemos quedado antes en que contamos con el equilibrio emocional de quien va a aplicar las lecciones contenidas en este manual.

Recuerde que su única finalidad es deshacerse de individuos que quieren importunarlo o utilizarlo a su antojo y no acabar en querellas agotadoras ni soliloquios de esquizofrénicos.

Contra los embusteros o los estafadores puede usted aprovechar todo su poderío. Para la gente inocente y ajena a las patologías comunicacionales, lo deseable es establecer conexiones equitativas y discusiones constructivas que produzcan acuerdos del tipo ganar-ganar.

El riesgo de convertir su lengua en un estilete para manejarlo de una manera torpe o abusiva es ingresar en la lista de aquellos que merecen un escarmiento en la fría cesta del palo mayor.

Allí, desde luego, no puedo augurarle un feliz porvenir.

Lección 3
No permita la descalificación

En el mundo de la malevolencia existen múltiples formas de descalificar a las personas. Una de ellas es tratarlas con indiferencia, ignorarlas o "no escuchar" lo que tienen que decir. Otra es la de acorralarlas e incluirlas en un grupo ya descalificado, como cuando se le increpa a alguien diciendo: "¡Eres un nazi!" o "¡Hablas como los puritanos del siglo xv!". Sin duda, la más primitiva es la de atacarlos con insultos o apabullantes peroratas que rebajen su dignidad o la confianza en sí mismos.

Estas acciones, en apariencia temibles y muy típicas de personajes con cierto reconocimiento social, son sin embargo una cubierta para ocultar personalidades enclenques.

Aquellos que recurren a la descalificación suelen hacerlo con el objetivo de ubicarse en un plano superior a los demás y, desde una altura fabricada, neutralizar conductas que en el fondo les atemorizan.

En otras palabras, usan la táctica de azotar a quienes identifican como eventuales competidores y tratan de disminuir sus cualidades personales, de manera que viven esforzándose por armar planes de defensa en vez de mostrar sus mejores rasgos.

Los gobernantes autoritarios, los grupos fanáticos, los envidiosos del éxito ajeno y los narcisistas enfermizos –poseedores de una piel muy sensible a la crítica e incapaces de una justa competencia– recurren con frecuencia a esta artimaña para controlar sus propias ansiedades de desestabilización interna.

En casos extremos pueden llegar a una paranoia persecutoria que transforma en enemigo a quienquiera que pueda disentir o emitir una opinión que estimen como peligrosa.

Aquellos que padecen de fiebre dictatorial no dudan en inventar tramas delirantes y lanzar al viento trastornadas alocuciones para anular a sus opositores; los fanáticos seguidores de cualquier credo religioso, político y hasta los miembros de un club deportivo buscan descalificar a quienes militan en filas diferentes e incurren en vigilancias obsesivas entre sus propios adeptos para conjurar cualquier tipo de disidencia.

Los envidiosos, por su parte, resienten cuando algún conocido asciende aunque sea un solo peldaño en su carrera o en su posición social y no ahorran intentos por verlos caer hasta quedar por debajo del lugar que les corresponde.

¿Y los narcisistas? Pues estos descalifican a todo el mundo. Como acontece con la reina malvada de Blancanieves, les basta con sospechar que alguien pueda ser hermoso, inteligente o admirado, para que se les activen los indicadores de peligro y comience el despliegue de la abundante parafernalia incapacitante que guardan en sus archivos mentales.

¿Qué hacer para mandar al carajo a estos calamitosos caracteres de novela negra?

La regla de oro es anticipar el escenario en donde se va a desarrollar la confrontación y tomar las precauciones del caso.

Por ejemplo, si va usted a rebatir a un individuo del tipo autoritario, que además ostenta alguna posición de poder, debe tener claras las espantosas consecuencias que, desde el comienzo, se insinúan como nubarrones en el horizonte, y prepararse para la andanada de rayos y centellas que caerán sobre su cabeza.

Sería una gran ingenuidad de su parte creer que alguien de semejante catadura usará las mismas categorías de quien lo enfrenta y que la conversación se desenvolverá dentro de una atmósfera de respeto por la opinión mutua.

Si lo que usted pretende no es aumentar su sufrimiento, sino ponerle fin de una vez por todas a un insoportable reinado del terror, lo apropiado es asegurarse de no tener puntos vulnerables en su currículo de vida y meditar muy bien cada movimiento que va a hacer en la meritoria campaña que se ha propuesto. Sólo así podrá mantener el control del que hablamos en la lección precedente.

Obviamente, después de encender la mecha de la confrontación con un narcisista poderoso, es bueno contar con un plan B, como un sólido escudo protector, un casco o, en última instancia, un pasaporte vigente y una visa de residencia en la Cochinchina.

Vale recordar que el expediente favorito de los autoritarios es la intimidación. Cuando logran poner a temblar las piernas del adversario, el resto les resulta de una sencillez aplastante.

La coraza protectora contra los fieros ladridos que ellos suelen emitir se encuentra en un concepto muy arraigado de la dignidad que usted tiene como persona y la absoluta igualdad de derechos que comparte con el Atila de turno.

Aun cuando aquel pueda tener la jerarquía de un potentado, una caterva de compinches que lo respalden o tan solo el poder para destituirlo de su cargo en una empresa, en esencia es un ser humano como usted, con sus mismas o mayores limitaciones y quizás hasta mucho más frágil.

Un clarísimo representante de la cara que debe plantarse a esta clase de individuos es el admirable

Diógenes de Sínope. Entre las muchas referencias que tenemos de su particular temperamento, destaca la ocasión en que fue apresado y encadenado para ser vendido como esclavo.

A la espera de la subasta que se preparaba ante una multitud de compradores, uno de quienes lo tenía cautivo osó preguntarle:

—Dime qué sabes hacer, para ver quién puede interesarse en ti.

A lo que el filósofo respondió:

—¡Mandar! Véndeme a quien necesite un amo.

En perjuicio de las generaciones que les sucedieron, los historiadores nos han regateado el desenlace de esta brillante pieza de cinismo. No obstante tal limitación, lo que debe excitar nuestro interés es la altura espiritual demostrada por alguien que se encuentra en las peores condiciones de minusvalía y, sin embargo, se atreve a jugar traviesamente con quien tiene la potestad de flagelarlo o lanzarlo de bruces por la borda.

La deducción que se me ocurre para explicar tal comportamiento –aparte de la sospecha que uno pueda tener sobre su posible locura– es que Diógenes poseía una inalterable certeza de su elevado estatus personal, lo que le daba el lujo de despreciar a sus captores. Por ello, mi consejo es imitar, en alguna medida, la altivez del insigne griego y mantener la cabeza erguida frente a los intentos intimidatorios de aquellos que se sienten poderosos.

Si el precio es recibir un castigo o cualquier otra consecuencia negativa, el consuelo será saber que uno no se ha prestado para rebajar un ápice su digno rango de persona respetable.

La serenidad que da tal estado de conciencia será suficiente para mirar de frente a nuestros semejantes y, mejor todavía, a nosotros mismos, en el espejo del cuarto de baño, aquel que nos confronta cuando más solos e indefensos estamos.

Respecto a los fanáticos ciegos por sus creencias o sus pasiones, de esos que no detentan otro poder que su terquedad, la receta será la misma. Los autoritarios y aquellos que les temen o los siguen en manada son tipos complementarios.

El rasgo más común entre estos especímenes clásicos de la intolerancia es la propensión a regirse por el pensamiento mágico, el cual, como es sabido, no admite contradicciones ni cuestionamientos.

La influencia de la magia en los procesos de pensamiento es una característica infantil, que se mantiene en la mayoría de los trastornos emocionales, como por ejemplo en las fobias, las obsesiones y el tipo de conducta fanática a la que nos referimos aquí.

Quienes son guiados en sus razonamientos por el pensamiento mágico, creen a ciegas en apariciones de fantasmas, entidades sobrenaturales que nos vigilan y, como resultado de tales fantasías, son presas fáciles para "iluminados", líderes mesiánicos o cualquier otra especie de transfiguración divina o demoníaca en la Tierra.

Tal vez la única premisa sensata para lidiar con los empecinados en contagiar al resto del mundo con sus creencias sea la de apartarse cuanto antes de ellos. No hay nada más tedioso e inútil que discutir con personas entorpecidas en sus procesos intelectuales por esquemas rígidos e inalterables, pero como ellas son de una abundancia casi sobrenatural, con toda seguridad se las encontrará usted hasta en la taza del café.

Si seguimos esta imagen literaria del café, en caso de no poder mantener una prudente distancia de los obcecados, la táctica de afrontamiento sería dejarlos enfriar hasta que su contacto ya no pueda quemarnos las "mucosas bucales". Los elementos mágicos derivados de la niñez necesitan de un reforzamiento externo para retroalimentarse y, cuando no lo reciben, su extinción se vuelve inevitable. He ahí la razón de por qué los furibundos militantes de cualquier causa necesitan contar con muchos otros que compartan una dosis de efervescencia emocional equivalente a la suya y que no lo piensen dos veces antes de engancharse en discusiones estériles, carentes de un final feliz.

Una actitud controlada y hasta condescendiente, que les otorgue una razón que no tienen, nos permitirá una liberación quizá no tan graciosa como nos gustaría, pero sí menos traumática.

Por último, nos quedan los narcisistas, no incluidos en los grupos mencionados, es decir, los que encontramos en nuestra vida diaria sin que deban estar en alguna esfera gubernamental o al frente de un equipo laboral y que pueden llegar a ser divertidos, pero no por ello menos problemáticos.

Con frecuencia son individuos (los hay en ambos sexos) que no soportan la exclusión o ser marginados a la hora de evaluar opiniones sobre cualquier tema y que se tornan insoportables cuando se empeñan en destacarse.

Si no son muy refinados intelectualmente, su actitud suele ser la de ridiculizar a quien hayan ubicado como la causa principal del malestar que afecta sus egos insaciables. Para ello, se valen de burlas o comentarios que promuevan la risa de los espectadores que tengan a su lado.

Aun cuando sus actitudes nos enerven al punto de querer ponerles un taco de dinamita en los zapatos, lo cierto es que no hay necesidad alguna de recurrir a medidas tan extremas. Lidiar con estos personajes es más fácil de lo que parece. Bastará con que usted evalúe bien el campo en donde se desenvuelve la interacción y evite caer en la trampa de ofenderse o atemorizarse por el escarnio al que lo quieren someter.

Una sola muestra de resentimiento o un intento de defenderse usando el mismo estilo de quien lo agrede será música para los oídos del descalificador.

Así que, con sagacidad en vez de exaltación, conserve el buen humor (más adelante hablaremos de esto), alise las facciones tanto como su edad lo permita y prepárese para salir airoso de la incómoda situación.

Las acometidas de los narcisistas mediocres son tan toscas como los procesos que usan para elaborarlas. De ellas podrá uno librarse con gran facilidad, ya sea que escoja burlarse de sí mismo ("tienes razón, soy bastante escaso de neuronas. Es que no me dieron pecho al nacer"; "la verdad, he descuidado mucho mi educación. Afortunadamente estás tú, que eres toda una enciclopedia", etc.) o que pase de largo ante sus comentarios, como quien escucha caer un aguacero en la calle.

Mediante una estrategia no beligerante y una sonrisa compasiva en el rostro, las pobres estrategias de autoelevación que ponen en práctica terminan por devolverlos al duro suelo de sus angustias.

En cambio, de los narcisistas inteligentes sí es preciso cuidarse, porque suelen ser muy habilidosos y calculadores en los ataques que, además, planifican con cuidado y minucioso detalle.

A continuación describiré una de sus modalidades preferidas:

Cuando quieren destruir a alguien que les compite en conocimiento sobre un tema específico, se esmeran en inventar o rebuscar un aspecto muy intrincado o deleznable del contenido —el cual puede pasar desapercibido hasta para un erudito– y proceden a atribuirle una gran importancia.

Por ejemplo, si el asunto en discusión es el descubrimiento de América, el narcisista preguntará, de forma que parezca interesada y respetuosa, cuántos dientes le faltaban a Colón en la encía superior o en cuál gradación tonal disparó Rodrigo de Triana su grito de ¡tierra!

Mediante tal artificio, intenta poner al disertante en una encrucijada conocida en teoría de la comunicación como un "doble vínculo". Ésta es una posición en la cual existen dos alternativas aparentes, cuando en realidad ambas conducen a un callejón sin salida, es decir, a perder.

En el caso que acabamos de halar por los cabellos encontramos que, si usted acepta de buena fe la interrogante planteada e intenta responderla, se verá enfrascado en una revisión de detalles inútiles o desconocidos que no figuran en ningún relato histórico. Ante la tartamudez o las vacilaciones que surgirán en su hablar, el rival optará por tildarlo de ignorante y la descalificación será inmediata.

Si usted opta por no reconocer la supuesta relevancia del asunto planteado, el otro lo descalificará de igual forma, bajo el argumento de que su negativa sólo demuestra lo poco tolerante que es y proyectará sobre usted los aspectos que a él lo caracterizan al llamarle arrogante o engreído.

¡Listo! El narcisista le pasó por encima y allí queda usted, sembrado en el piso o batiendo las manos como quien espanta zancudos, mientras él se va tan campante a seguir buscando nuevas víctimas propiciatorias.

Un antídoto de prevención primaria contra el poderoso veneno que destilan estas arañas tejedoras es evitar la candidez de asumir que una pregunta absurda, formulada por alguien que no parece muy lerdo, es producto de su legítimo deseo por colaborar con el buen desarrollo de la temática.

Mi primer llamado de atención, para quien quiera librarse de interferencias narcisistas en un área de su dominio, será: encienda una luz de alerta ante lo que parezca demasiado inocente o trivial y en especial si, de entrada, es definido como algo de suma importancia.

Si teme cometer una injusticia al incluir en la misma bandeja a justos y pecadores, al menos señale la intervención con un asterisco mental. Una vez activados los sistemas de alarma y comprobada la malevolencia sospechada, olvídese del tema como tal y ponga al descubierto la verdadera intención, ya sea con preguntas sobre lo que el otro considera trascendental en el detalle que ha aportado o denunciando la maniobra.

Volvemos al ejemplo del descubrimiento de América. Podría usted decir en voz clara y tonante (como la del señor De Triana) algo de esta guisa:

—He aquí una muestra de lo que no debe hacerse con el tipo de material del que estamos hablando. Muchos se pierden en minucias irrelevantes y las confunden con puntos de suma importancia. Así es como los hechos históricos tienden a perder significado y se prestan a interpretaciones erróneas —y, directo al preguntón—. ¿Sabes? Te agradezco el pie que me has dado para hacer esta aclaratoria. Si tienes algo de tiempo, al final y en privado podremos discutir un poco más sobre este aspecto que tanto te preocupa.

De allí en adelante, estará en control y el otro quedará paralizado, ya que ahora es él quien está en un dilema del que no puede escapar si lo que quiere es persistir en su sabotaje.

En el supuesto de que el narcisista sea de confianza y ambos estén en un círculo de conocidos y no en un evento formal, será mucho más sencillo desarmar la añagaza.

Con el apoyo de alguien cercano, usted le dice como si nadie más escuchara:

—Fíjate en lo que hace X. Se siente amenazado por lo que estoy diciendo y trata de hacerme quedar mal. Su próximo paso consistirá en llamarme ignorante o buscar que ustedes se rían de mí. —Luego, en dirección a X—, a ver, no sé la respuesta. Por favor, dila tú para que te diviertas al proclamar lo poco que sé de este asunto trascendental.

Tal vez usted haya tenido poca oportunidad de presenciar o ser el protagonista de la paliza aleccionadora que amerita uno de estos latosos entrometidos. De ser así, no sabe lo que se ha perdido. El duro impacto que reciben en sus máscaras de sabios los deja con el mismo patético aspecto de un boxeador segundos antes de caer fulminado en la lona y la lección de no volver a emboscar a los demás será duradera, es decir, usted habrá hecho un acto de beneficio público.

¿No le parece suficiente ganancia?

Mi consejo es que comience desde ya a hacer boxeo de sombra en posibles escenarios mentales y verá cómo, en poco tiempo, estará provisto con el material requerido para sobrevivir a los asaltos narcisistas.

Le aseguro que se va a divertir.

Lección 4
Use su buen humor, es un arma letal

La vida podría ser maravillosa, si la gente te dejara en paz.

CHARLES CHAPLIN

Uno de los principales voceros del papel que desempeña el buen humor en el mantenimiento y restablecimiento de la salud fue el periodista y editor estadounidense Norman Cousins. Su libro *Anatomía de una enfermedad* es el pilar fundamental sobre el que se apoyan iniciativas como la del médico Hunter Doherty "Patch" Adams, pionero de los numerosos grupos que llevan alegría a los hospitales y de la actividad conocida con el nombre de risoterapia, un procedimiento de descarga emocional basado en la risa a carcajadas.

Lo que no ha sido enfatizado por estos dignos promotores de la buena vida es el efecto que una cierta disposición humorística ejerce sobre la salud mental, pues sirve como factor disuasivo y armamento útil contra los perturbadores de nuestra paz espiritual.

Por desgracia, tampoco se ha demostrado que la dotación genética de los humanos contenga cromosomas determinantes del surgimiento de un elemento tan valioso. De habernos provisto Madre Naturaleza con átomos de humor intracelular, en nuestra historia universal tendríamos muchas más referencias a eventos alegres, festividades y conciertos de fin de semana que a guerras sangrientas y personajes apocalípticos que intentan jugar con el mundo como si fuera su Lego favorito.

No obstante esta deplorable falencia, en cada uno de nosotros existe un potencial que nos permite encontrar el lado divertido de los eventos que se nos presentan en la cotidianidad.

Mi recomendación a este respecto es la que he dado en llamar técnica de hallarle "la pata coja" a la mesa y, si no la tiene, crearla.

Con esta fórmula quiero aludir al hecho de buscar, en los elementos de la realidad, ciertos puntos que pudieran darle una configuración menos "seria" y así convertirlos en un material mucho más manejable. Asimismo, implica refinar la agudeza para detectar fallas en argumentaciones o estilos de interacción que, a simple vista, nos impresionan como sólidos o incuestionables, para desactivar en ellos lo que nos pueda parecer discordante o, en el peor de los casos, amenazador.

Un ejemplo de ello sería la forma que tienen algunos adolescentes de tratar con un profesor de malas pulgas, al reírse de su forma de hablar, de caminar, etcétera, o representarlo mentalmente en alguna actividad ridícula, contraria a la imagen de rigor que él quiere dar.

Pero, antes de proseguir, creo prudente que hagamos una necesaria distinción. Cuando hablo de buen humor o estimulación de la imaginación para encontrar "la pata coja" no me refiero a gozar con la burla sangrienta o a exhibir una risa pueril, propia de la liviandad de pensamiento.

Del mismo modo, deberíamos descartar las manifestaciones de ciertos adultos que, por no haber evolucionado demasiado, se desgajan en estruendosas carcajadas ante espectáculos terribles, como el maltrato a los niños o a los animales y las tortas en la cara con las que humillan a los participantes en ciertos programas de telerrealidad (conocidos como *reality shows*) y en los programas de concurso televisivos.

Para separarnos de estos estilos tan celebrados en la sociedad, es preciso hacer un análisis más o menos concienzudo de lo que nos parece cómico o divertido y darnos cuenta de que mucho de lo que se pinta como risible esconde aspectos censurables que poco aportarán a nuestro bienestar o al hábitat en el que queremos pasar el resto de nuestros días.

Los artífices de la picardía y la especulación de elementos retorcidos de la personalidad humana han encontrado en la provocación de risa una brecha abierta para la propagación de sus mensajes destructivos.

Cuando logran que usted haga mofa o ría de forma cómplice ante situaciones que disminuyen la cualidad humana o que desdeñan la dignidad de las personas, lo convierten en una marioneta sobre la que, tarde o temprano, caerán las mismas vejaciones.

Pues bien. Dada mi seguridad en que usted y yo coincidimos en esta apreciación, nos dedicaremos a analizar el verdadero rol del humor en su función liberadora.

Por no ser nuestro objetivo inmediato, dejaremos a un lado el aspecto curativo en relación con enfermedades físicas y, en su lugar, veremos cómo puede usarse para distanciarnos de lo estorboso o lo que nos aparta de nuestro plan de vida.

Espero haya notado la inclusión de una forma impersonal ("lo estorboso") en el párrafo anterior. El motivo de tal selección de palabras es subrayar el hecho de que, mediante la implantación de un dispositivo de jocosidad en nuestra mente, no sólo podremos bloquear elementos insufribles, sino además impermeabilizarnos contra contenidos perniciosos que pululan en nuestra atmósfera social y de datos que perturban la tranquilidad.

A manera de ilustración de la técnica destinada a combatir tan peligrosos factores, me valdré de una experiencia personal con un vecino mío, hombre de edad avanzada y de gran poder analítico.

Una mañana, al leer el diario, se encontró con una reseña asombrosa en la que se describía la protesta callejera promovida por un grupo de delincuentes, con motivo de la muerte de uno de sus compañeros a manos de la policía.

Dibujando una sonrisa sardónica en su rostro apartó la vista del periódico para decirme:

—Ésta es la mejor noticia de hoy. Ya un sector del sindicato de ladrones comunes salió a autodenunciarse públicamente. Tal vez pronto los imite el Gobierno.

Poco habría que agregar para resaltar la función del humor en el ingenioso comentario. A pesar de que la noticia era como para pararle los pelos a cualquiera, aquel caballero optó por apegarse a una tesis filosófica de su autoría, la cual sostiene que, si no se puede hacer nada para cambiar una situación, lo mejor es reírse de ella.

Al meditar sobre tan atractivo punto de vista y dar un vistazo a la historia, llegué a concluir que el mismo parece haber existido como parte del código de conducta en héroes que se sacrificaron por un ideal y en la personalidad de algunos mártires religiosos que hasta en el último momento pincharon a sus verdugos con una increíble ración de humorismo.

Tenemos en San Lorenzo un caso digno de mención.

Cuenta la historia sagrada que Laurentius (su nombre en latín) era uno de los siete diáconos de Roma. En el año 257, el emperador Valeriano publicó un decreto de persecución contra quienes acogieran la fe cristiana. En consecuencia, el futuro santo fue apresado y condenado a muerte de una manera atroz: ¡Quemado en una parrilla!

Al cabo de un rato de estar achicharrándose, alzó su voz para decirle al juez:

—Ya estoy cocido por un lado. Ahora, que me vuelvan hacia el otro, para quedar asado por completo.

El verdugo mandó que lo voltearan para que así se quemara de manera uniforme. Cuando estimó que ya estaba suficientemente chamuscado, Laurentius exclamó:

—La carne ya está lista, pueden venir a comer[3].

No son muchos los garantes de la autenticidad de semejante historia, pero aun cuando un dejo de suspicacia se asome a nuestra mente al enterarnos de que alguien con muy graves quemaduras goce del raciocinio o de la tranquilidad emocional como para responder de un modo tan simpático, la esencia satírica de la historia y el bofetón (inventado o no) asestado a unos crueles asesinos son rasgos dignos de admiración.

Si a usted no le atrae mucho la idea de ser acusado de herejía por sus razonables dudas y pasar a formar parte del ya abultado catálogo del martirologio, puede mudarse al gordo repertorio de anécdotas que

---

3 "Martirio de San Lorenzo". *Arte e Historia*, 11 de diciembre de 2013. http://w artehistoria.jcyl.es/v2/obras/12584.htm

ha dejado para nuestro disfrute el estimable Oscar Wilde.

Durante uno de los juicios que se le siguieron para condenarlo por su homosexualidad, el fiscal de la causa llamó a un testigo tosco y mal arreglado, quien aseguraba haber tenido una relación sentimental con el artista.

El abogado apuntó al pecho del acusado en gesto amenazante y le increpó:

—¡Diga si no es verdad que ha besado usted a este hombre!

El señor Wilde se levantó de su asiento y respondió con displicencia:

—No lo besé como no besaría un felpudo... ¡es muy feo!

Fácil es imaginar el estado de pasmo mezclado con impotente ira del acusador ante el plante altanero de un hombre que no se amilanaba para confrontar a quienes consideraba bajos e indignos oponentes. Puesto en nuestro léxico actual: para mandar al carajo a quienes le llegaban con intenciones amenazantes, agazapados detrás de un falso parapeto moral.

Como ya habrá usted deducido de estas dos breves muestras, lo necesario para hacer del buen humor un certero y demoledor armamento defensivo no es un carácter liviano o propenso a la chanza fácil, sino más bien la posesión de un fino sensor para "encontrarle la pata coja a la mesa".

Si analizamos con detenimiento el estilo de Oscar Wilde en aquel juicio, nos percataremos de que su contestación aparenta ser una refutación al fiscal, como quizá éste lo esperaba y para lo cual estaría preparado. De pronto cambia a un final imprevisto y deja implícita su orientación homosexual, pero resalta su predilección por hombres más agraciados que aquel que le había sido presentado.

¡Allí estaba la "pata coja"! La Fiscalía no contaba con los finos gustos de su procesado y los espacios de alta aristocracia que frecuentaba.

¿Cómo podría reanudar el fiscal su línea de argumentación, cuando ya el espadachín del verbo le había arrebatado la compostura, tras provocar la risa a su audiencia?

Lo que debería quedar fijado en nuestra mente, como aprendizaje de este genial episodio, es que una cierta creatividad en la forma de relacionarnos con el mundo nos dará la fuerza para resistir situaciones difíciles y poner en su lugar a quienes se han propuesto fastidiarnos la vida.

Aún más efectivo resulta su empleo si tomamos en cuenta que el humor es un rasgo faltante en la personalidad de casi todos (tal vez todos, pero mejor no pecar de exagerados) los tiranos y abusadores de la buena disposición ajena.

De sus rostros ceñudos e intimidantes sólo brota la amargura y la rigidez espástica de las ideas. Su

falta de flexibilidad y adaptabilidad mental los pone
como un blanco perfecto para la mofa más descara-
da, porque no son capaces de advertir las sutilezas
del lenguaje ni las tonalidades que le dan brillo al
buen humor.

La sátira o la acrobacia verbal son sus enemigos
más temidos, debido a que a sus esquemas de referencia les falta el aceite lubricante que les brindaría
una generosa vena humorística.

En varias ocasiones, al hablar de este tema, me
han preguntado cómo enseñar el lema de "la pata
coja" a alguien que ha sido formado dentro de un
régimen familiar en el cual se califica lo gracioso
como trivial o signo de inmadurez.

Sin duda es una preocupación válida. Se requiere
de cierto tiempo y dedicación para fomentar este tipo de
visión juguetona en aquellos que han sufrido una
crianza de severidad y adustez, pero hay esperanzas.
Basta con que el interesado tome conciencia de esa
necesidad y se proponga satisfacerla, para que poco
a poco descubra que hay aspectos de comicidad en
casi todos los tablados que construye el ser humano.

A los "serios" los tranquilizo dejando asentado
que no se trata de banalizar la vida hasta vaciarla
de su significado real ni deshonrar a quienes nada
tienen que ver con el perjuicio de los intereses aje-
nos. Es tan sólo el trabajo creativo de elegir entre
lo importante y lo deleznable, para no desperdiciar

el tiempo o malgastar el patrimonio emocional en dar vueltas alrededor de los tediosos laberintos que otros nos ponen.

Aprenda a reír con alegría. Ríase hasta de ust mismo. Acepte sus defectos como rasgos que le gularizan y sus equivocaciones como accidente el camino y siga adelante; aprenda y sonría co gente que se le una en una campaña por const un ambiente saludable y grato.

Si quiere reírse de algo, ¡hágalo! Allí tiene, por ejemplo, a los que califican como "de suma grave-dad" cosas que no son tan espeluznantes y esperan que usted se contagie de sus neurosis. De ellos hay que diferenciarse en la manera de asumir el día a día. Si se desmelenan pensando que la especie hu-mana se va extinguir en 30.000 años o se dejan in-vadir por la ansiedad debido a la falta que les hacen las plumas estilográficas, frente a sus caras demuda-das deberían encontrar otra que les señala la "pata coja" y les modela, de paso, una estrategia divertida de aceptar lo que no vale la pena tratar de resolver.

La certidumbre de estar en una vía elegida por usted mismo, ejercitar su derecho a reír de lo que mejor le plazca y la convicción de que nada bueno se logrará revistiéndose con la amarga túnica de un penitente serán la mejor ayuda para construir un ambiente atractivo, al cual se unirán los nuevos aspirantes a "buen humorados".

Estoy seguro de que no serán demasiados los que se plieguen a su causa, pero ¿de verdad desea hacerse acompañar por una legión de plañideras, en vez de tener a su lado personas vitales y llenas de entusiasmo con quienes armar un tinglado de feria?

La lección a ser aprendida es cultivar el buen humor, mirar más allá de lo que les obnubila la vista a los enseriados a la fuerza y enviar al carajo a todo aquel que venga a importunarlo con su voluntad dominadora.

Eso sí, con una amplia sonrisa dibujada a todo lo largo y ancho de su rostro.

Lección 5
¡Al carajo con los aduladores!

—¡Sí, señor! ¡Lo que mande el señor (o la señora)! ¡Claro que le queda hermosa la bufanda de cuero que se ha colgado para acompañar el esmoquin que tan bien le luce a su elegancia! ¡Guau!, ¡qué trabajo maravilloso le han hecho en la peluquería con esos colores pastel para resaltar sus bellas ojeras! ¡Es que usted es lo máximo!

¿Le suenan familiares estas frases de falso halago? Unas de este tenor y otras todavía más cargadas de miserable euforia abundan en el repertorio de los aduladores que se aprestan a tenderse como viles alfombras, si con ello pueden obtener alguna prebenda o ascenso desde el deshonroso lugar que ocupan.

Quienes asumen un rol tan vergonzante tienen un agudo olfato para percibir el aroma del poder y lo siguen a donde quiera que se dirija, como si se tratara de una mano invisible que les pone un anillo de buey en la nariz.

No solo en las altas esferas gubernamentales o en los palacios reales encontramos personajes dispuestos a pegarse cual rémoras hambrientas a los privilegiados. En nuestra misma vida cotidiana tenemos ocasión de tratar con individuos que nos alaban y se ponen a nuestra disposición de manera "incondicional", con tal de recibir unas migajas de aprecio y, en los casos más peligrosos, de meterle a uno la zancadilla en el momento que menos se lo espera.

Las comillas con las que he encerrado la palabra "incondicional" están destinadas a destacar el hecho de que tal postración no está exenta de condiciones. ¿O es que acaso la adulación no lleva incluido un reclamo de retribución o alguna demanda sobre los hombros de quien la recibe?

El zalamero no actúa como lo hace llevado únicamente por una muy baja autoestima, aun cuando éste sea un rasgo infaltable en su personalidad. Su intención más determinante es exprimir al máximo lo que el objeto de su alabanza tenga para darle y, mientras se le entregue su ración, estará por allí ronroneando con sumisión alrededor de sus pantorrillas.

De quedar frustrado en las aspiraciones que le obsesionan y encontrarse frente al espantoso abismo de la soledad, ya sea porque se le ignora o por una infortunada pérdida de estatus de aquel a quien aclama, no dudará en abandonarlo y arrimarse a otro que esté en mejores condiciones de calmar su voraz apetito.

Claro está que sus acciones no tendrían mucho éxito si no existieran individuos cuyos egos estén necesitados de masajes. En este sentido, puede decirse que entre adulados y aduladores se establece una relación de comensalismo, una vinculación interactiva perteneciente a lo que en terapia de parejas se conoce como codependencia emocional, la cual tarde o temprano acarreará perjuicios a ambas partes.

Quien no pertenezca a esa especie y pueda vivir feliz sin tanta cháchara alabanciosa tiene que agudizar su alerta para resistir el constante martilleo de la lisonja, en particular, cuando es exagerada e inmerecida.

Si posee usted rasgos admirables en su carácter, si ejerce su profesión con dedicación y eficacia, si es una persona amable con la gente o si, en general, tiene dotes que ameriten recompensa, mi consejo es que acepte los halagos y agradezca a quienes tengan a bien hacerlos en forma honesta. Esto es, sin tender telas de araña emocionales o hacerle creer que su desproporción no esconde un interés particular.

Tal vez al leer estas líneas alguien podría decir:

—Bueno, no me hace falta tanta señal de peligro, porque en verdad soy lo bastante objetivo y claro como para no caer en manejos tan repudiables. Me las arreglo solo.

Muy bien, ¡felicitaciones! Pero no hay que olvidar que allí es donde el adulador tiene la mejor colaboración para dedicarse a llenar su panza, mientras sus víctimas se desangran dulcemente.

Estos depredadores son tan hábiles que logran intuir los mecanismos de quienes parecen tener confianza en su potestad para mandarlos al carajo y proceden a estructurar sus frases de elogio en un tono que no descubra los tejemanejes que perfeccionan cada día.

De mis tiempos de estudiante recuerdo a un compañero que, aparte de estar entre los primeros en aplicación, era también un gran deportista y una persona de buen trato. El rasgo sobresaliente en su conducta era una postura de tímido recatado cuando era objeto de reconocimiento por sus logros. Poco podía hacerse para sacarle un grito exaltado al levantar la copa en algún triunfo de su equipo o cuando el director, en los discursos de fin de año, se deshacía en elogios hacia su persona por ser consistentemente el número uno en las calificaciones del colegio.

A pesar de todos sus logros y merecimientos, aquel muchacho parecía invulnerable a la pedantería y más de una vez lo vi evitar con discreción a quienes se le acercaban para aclamarle.

Un pequeño buitre, que parecía haber concentrado el esfuerzo final de su vida en conquistar la confianza de aquel joven tan exitoso, por fin descubrió el camino expedito para sus propósitos.

Con una capacidad para la artimaña digna de un estafador de casinos, administraba sus elogios y críticas estimulantes y daba la impresión de ser un observador sincero y desinteresado. Por supuesto, cuidaba bien de dispensarse en halagos sobre su habilidad deportiva, al dejar unos cuantos mohines de desaprobación para lo que eran sus pobres tácticas de conquista hacia las chicas.

Confundido por quien pretendía ser un guía fiel, poco a poco el exitoso fue dejándose llevar hacia el terreno que más le convenía al otro, hasta descuidar casi por completo sus estudios y su desempeño deportivo para dedicarse al arte de la seducción, en el que el adulador decía ser un "maestro".

El resultado fue el esperable: una beca universitaria perdida, bajísimo rendimiento en las canchas y un supuesto amigo que lo abandonó en cuanto logró hacerse él con la novia que, en teoría, le iba a ayudar a conseguir.

La conclusión más lógica que debería usted sacar de esta breve referencia es no confiar en aquellos que parecen surgir de la nada para venir a resolver sus problemas, como un ángel que se ocupa de favorecer a las almas nobles.

Los aduladores deshonestos jamás proceden sin ma El mejor antídoto contra sus argucias es envolvers una sana modestia y rociar alrededor una cantida repelente contra la zalamería.

Una forma efectiva de sacudirnos a quienes carecen de la dignidad necesaria para trabajar por sus metas y escogen aprovecharse de la fama o el poderío ajeno es apegarnos a la idea de que los premios obtenidos por un esfuerzo sostenido o un talento derivado de la genética o la fortuna son de nuestro exclusivo dominio y propiedad. Nadie tiene el poder de modificar nuestra actitud y hacernos ceder mediante el influjo de palabras edulcoradas y posturas de sumisión.

Los bien intencionados, que nos admiran con honestidad, no exageran sus halagos. Uno siempre tiene la capacidad para advertirlo y aceptar sus comentarios con la misma humildad con que ellos los envían.

Los verdaderos amigos son aquellos que se atreven a decir verdades que nos ayudan a progresar, aun cuando en el momento puedan caernos mal.

Si tiene usted la suerte de estar rodeado de gente sincera que no es mezquina para felicitarlo o dirigirlo hacia un camino de éxito, me permito dedicarle mi aplauso, pero no dejo de hacer sonar la campana de la advertencia:

¡Ojo con el falso admirador! Para él, tenga lista la punta del zapato y apunte bien hacia el trasero.

Niegue cualquiera de las virtudes que se desvive por señalarle, al estilo de los conquistadores romanos que usaban a un sirviente para que les recordara con insistencia que podía haber falsedad en las aclamaciones.

Devuelva el elogio con toda su modestia y mantenga en mente que los cantos de las sirenas siempre atraen hacia las rocas, como bien lo sabía el aguerrido Ulises de La Odisea.

Copie su estrategia de atarse al mástil de la nave, sin importar cuánto le hagan vibrar por dentro las alabanzas, y no se desvíe de su rumbo a casa.

Un hogar acogedor, una cena apetitosa y el abrazo sincero de la familia son suficientes para una vida de tranquilidad.

Lección 6
Desmonte la trampa de la culpabilidad

La práctica clínica nos ha enseñado que instalar y manipular los sentimientos de culpa es una de las herramientas más eficientes para controlar la conducta humana.

Esto lo sabe el común de los padres y, por eso, desde el mismo instante en que un niño comienza a entender el lenguaje oral, se aprestan a poner los cimientos de lo que será una cárcel preventiva o definitiva, según se peque de pensamiento, palabra, obra u omisión.

Al recurrir a uno o dos gritos destemplados que lo acusen de albergar malas intenciones cada vez que se desvíe de lo establecido como norma en el hogar o cometa la osadía de guiarse por su buen saber y entender, se reforzará el castañazo moral destinado a lograr que, con el tiempo, la combinación de la vergüenza con una mala identidad personal haga su trabajo.

Se trata de un procedimiento muy eficaz, aun cuando poco recomendable desde el punto de vista de la salud emocional.

¿Qué quiero decir aquí? ¿Que debe eliminarse de golpe el manejo culposo en la crianza infantil y dejarlos hacer cuanto les venga en gana? Por supuesto que no. Depositar una pequeña dosis de culpa en el cerebro infantil, sabiamente administrada, contribuye al desarrollo de una personalidad compasiva que sabrá privilegiar las acciones positivas sobre la maldad.

El problema surge cuando se exagera hasta el punto de querer modelar angelitos serenados que no se atreverán a dar un paso con autonomía sin que les caiga sobre la coronilla el pesadísimo yunque del remordimiento.

Las familias que insisten en semejante despropósito se cuidan muy bien de no admitir ningún comportamiento espontáneo o apartado de sus inmutables esquemas sin aplicar la sanción culposa que mejor les sirva para dejar una espada de Damocles colgando sobre las cabecitas infantiles.

Como parte esencial del recetario aprendido en su propia formación o en un código de comportamiento muy exigente, suelen inculcar a sus educandos, como una virtud excelsa, la absoluta tolerancia y la comprensión de los sabios tibetanos para soportar cuanta vejación puedan sufrir en su tránsito terrenal.

La consecuencia inevitable de tal entrenamiento es que todos los días salen a la calle más individuos obedientes y acobardados que personas dispuestas a escoger su lugar en el mundo.

Programados por las enseñanzas familiares y reforzados por las populares teorías del perdón y las supuestas "conspiraciones" del Universo, estos mártires modernos no dudan en bendecir a sus agresores; llegando, en algunos casos, al extremo de rechazar a quienes los animen a rebelarse y a señalarlos como despiadados o muy malos consejeros.

No obstante sus ingenuos deseos, tarde o temprano acabarán por descubrir que están atrapados en un pantano del cual sólo podrían salir si desobedecen las instrucciones que se les han impartido.

Pero –¡he aquí la trampa!– esto es algo que también, de forma muy enfática, les ha sido vedado por el mismo patrón formativo que les sirve de guía.

Para ponerlo en forma más explícita: el efecto de la tendencia a sentirse culpables por casi cualquier cosa loss convence de que en ellos hay un elemento reprochable, si se atreven a albergar deseos justicieros hacia quienes los agreden o abusan de su buena naturaleza personal.

Es decir, sin poder evitarlo, siempre terminan atrapados en una posición perder-perder. Al soportar de pecho abierto cualquier vejación, se exponen a la aniquilación total de su respeto como individuos y a ser tomados por el blanco preferido de los atropelladores que sobran en este mundo. Si eligen rebelarse y devolver físicamente la agresión o reconocer que un instinto natural de supervivencia les genera deseos de sacudirle el polvo a un sinvergüenza, la pesada carga de la culpabilidad caerá sobre sus hombros.

¿Podemos creer, entonces, que alguien sometido a una implacable y permanente observación crítica de su conducta tiene la potestad de mandar al carajo a alguien?

—¿Cómo te atreves a poner en duda lo que se te ha enseñado en una familia piadosa? ¿Cómo se te ocurre aceptar la irritación que sientes hacia un semejante, merecedor de toda la paciencia que puedas tener? ¿Cómo piensas mal de tu prójimo sin darte cuenta de que, al hacerlo, entras en la misma categoría de aquellos a quienes deseas ver castigados?

Similares o iguales a éstas son las cuestiones que con frecuencia se asientan en los libretos inconscientes de la culpa enfermiza. Una suerte de espiral sin fin, dentro de la cual uno permanece dando vueltas hasta que alguien logre sacarle de ella o acabe afectado por un apabullante cuadro depresivo.

La instrucción necesaria para escapar a las recriminaciones de los frailes inquisidores que tal vez hayan sido importados durante el tiempo de su crianza será:

Comience por aceptar que es un ser humano con
sibilidad y tan merecedor de respeto como el res
la humanidad. Si bajo esa premisa tiene la necesi
de sacarse de encima a un agresor o ponerle fre
quien quiera esclavizarlo no tiene por qué flagel
o vivir con el temor de un castigo inminente.

En caso de ser religioso, recuerde el primer man-
damiento de la fe: amar a Dios sobre todas las cosas
y al prójimo como a sí mismo.

Con estas sencillas fórmulas de pensamiento de-
díquese a disolver los fantasmones de la culpa que
de nada sirven en el proceso de ejercer su asertividad
como corresponde.

Una vez más, recomiendo tener cuidado con las interpretaciones. En ningún momento lo estoy incitando
a despojarse de todo escrúpulo y volverse un agente
vengativo o un frío cíborg, desprovisto de cualquier
sentimiento compasivo hacia los demás.

Librarse de las cadenas de la culpa es, más bien,
un trabajo de eficiencia mental, exento de conflictos
innecesarios derivados de un aprendizaje equivocado y sin perder la capacidad de la empatía (ponerse
en el lugar de otros).

La manera más conveniente de fijar un punto de ba-
lance es definir con precisión lo que espera de su vida
e interponer un filtro protector entre sus procesos de
decisión y un omnipresente "ojo de Dios" censurador.

Si su única aspiración es obtener un poco más de placer que de sufrimiento o hallar la vía para expresar un estado emocional determinado, ¿cree de verdad que por ello se hará candidato a habitar eternamente en el último círculo infernal?

Le pregunto con algo más de énfasis: ¿Tiene derecho a elegir con libertad el tipo de vida que más le convenga? ¿O debe resignarse a vivir pidiendo perdón sólo porque ha decidido ser feliz?

Las respuestas a estas cuestiones serán determinantes en el curso que seguirá su estabilidad emocional y en el rango de la autonomía que podrá ejercer en sus decisiones.

Una ganancia adicional es que no tendrá reparos para espantar de su lado a quienes buscan avergonzarlo por acusaciones de malignidad. Entre esa horrible tipología destacan, como principal amenaza, aquellos que sólo aconsejan "por tu bien" o que no tienen reparos en inmiscuirse en sus asuntos, porque dudan de la sensatez que usted pueda tener para hacerlo por cuenta propia.

—¿Que me he equivocado y, en vez de poner azúcar en tu café, dejé caer una pastilla de Alka Seltzer? ¡Caramba! Esperaba más comprensión de tu parte. Piensa que, a lo mejor, inconscientemente, quería ayudarte a tener una buena digestión.

Al valerse de una razón como la precedente, el "bienhechor" no sólo le habrá echado a perder su infusión aromática, sino que ahora tendrá que disculparse con él por desçonocer la maravillosa intención que le animaba.

A estos "buenitos" de profesión es preciso frenarlos cuanto antes, para no dejar que nos arrinconen con sus miradas de perro acatarrado y nos obliguen a dudar sobre nuestra bondad y la suya.

¿Recuerda en la película El Exorcista, cuando el diablo asumió la figura de la madre del sacerdote para evitar que éste continuara con el procedimiento purificador? Su apariencia acongojada y lastimera, cargada de palabras conmovedoras, estuvo a punto de evitarle el baño de agua bendita que le correspondía y, así, mantenerse incólume dentro del cuerpo poseído de la niña.

Aquel demonio invisible modelaba al espectador la rutina favorita de los "cazabobos" de la culpa: Te hago una trastada "casual" o "inconsciente" y no me arrepiento, sino que espero una palmadilla comprensiva en el hombro.

1. Si me la das, reanudo mi plan de arruinarte la vida "sin querer queriendo" (como decía el famoso Chavo del 8).
2. De lo contrario, arrugo el entrecejo, me valgo de los lazos sentimentales que podamos tener y vuelvo a esperar a que los remordimientos –con sus respectivas contradicciones– te hagan olvidar la justificada furia que te envuelve.

Como ya le adelanté, la táctica consiste en interrumpir el proceso desde el mismo arranque, esto es, en el paso 1.

Apenas ocurra el evento perjudicial, asegúrese de que no hay lugar para dudas. ¡Lo han fastidiado y punto! Nada de "errores involuntarios" o "accidentes imprevistos".

De la mayor importancia es que se esfuerce en apreciar el hecho con la mayor objetividad posible, para no emprenderla a palos contra quien lo pise en el vagón del metro sin querer o lo tropiece accidentalmente en el tráfago de la calle.

Si tiene la absoluta certeza de que el daño causado no es producto de un simple descuido, aun cuando el otro se desmande en explicaciones racionales, su respuesta debe ser específica y certera, sin vacilaciones promovidas por cuadros desoladores y ojos de pordiosero.

Con la mayor compostura y adelantándose a la jugada de la compasión, hágale ver al "torpe" que no esperaba semejante cosa de alguien en quien confiaba (puede añadir sollozos y hasta lágrimas del tipo teatral), juegue un rato con el duendecillo de la culpa que también a él lo acompaña y, más pronto que tarde, acabará por despojarlo del control que creía tener en sus manos.

Si elabora una actuación merecedora de un premio de la Academia, el manipulador quedará al descubierto y su herramienta predilecta, neutralizada.

Lo que ocurrirá con mayor probabilidad es que este individuo se aleje y lo deje en paz, es decir, se irá suave y delicadamente al carajo, dado que el argumento de la culpa ya no es útil en lo absoluto y usted quedará libre de torturas mentales, así como de restricciones neuróticas de su conducta.

Existe otra variedad de esta clase de manejo, la cual consiste en hacernos ver que, si hacemos o dejamos de hacer ciertas cosas, herimos o maltratamos de alguna forma a un ser querido.

Se trata de un derivado de aquellas sentencias muy socorridas por ciertas madres cuando le gritan a sus hijos: "¡Vas a acabar conmigo! Me rompes el corazón. ¿Qué habré hecho yo para que Dios me haya dado este castigo?".

Quien recibe semejante andanada no sabe qué es lo que él ha hecho para que se le impute como un malhechor, cuando tal vez todo su pecado haya sido olvidar una fecha de cumpleaños o salir a disfrutar en la compañía de algún amigo, sin ánimos de maltratar a nadie.

En la adultez, esta forma de ataque se observa más en parejas en las que uno de sus integrantes ha crecido bajo la mano controladora de la culpa y sabe de lo poderosa que puede resultar para obtener una sumisión inmediata.

La estrategia más directa para contrarrestarla es tener la absoluta conciencia de que usted no alberga mala voluntad hacia la persona que se queja de su impiedad, por lo cual sólo puede ser acusado por olvidadizo o descuidado, pero nunca por malevolencia.

Su discurso firme y calmado acerca de lo equivocado que puede estar el otro en su interpretación y una muestra de su desgana para entrar en una discusión peregrina darán por concluida la escena y ¡a otra cosa más productiva!

Atrévase a aplicarlo cada vez que se presente un dedo índice apuntando a su frente, como si fuera a clavarse en su alma. Ya verá cómo el juicio sumario en que se iba a ver involucrado se desvanece con rapidez y, mejor aún, con el tiempo su contraparte se verá también libre de su necesidad de recurrir a la culpa para entenderse con la gente.

Al igual que como le acabo de orientar para deshacerse de los especialistas en promover actitudes compasivas, tendrá que ocuparse de anclar con firmeza un cable a tierra cuando le toque bregar con quienes se valen de su autoridad o de alguna investidura especial para erigirse como representantes de la vindicta celestial.

Por lo común, estos son individuos que se valen del principio moral o religioso que mejor se ajuste a su personalidad enfermiza, pero que no recurren al castigo directo sino a las reconvenciones y al sermón que han aprendido a recitar de memoria.

Su procedimiento habitual es convencer a sus víctimas de que son almas destinadas al peor de los castigos, en virtud de que padecen una proclividad innata a la perversidad que sólo ellos pueden ayudarles a corregir.

De permitirles completar su dominio sobre la conciencia ajena, no dudarán en administrar su látigo culposo hasta someterlo a un verdadero infierno de ansiedad y recriminaciones constantes.

¿Por qué tan desagradable artimaña se emplea con tanta frecuencia y suele funcionar de una manera bastante eficaz? La respuesta es simple: el mejor aliado de los mensajes atormentadores reside dentro de nosotros mismos.

Es bueno recordar que en nuestra personalidad están anclados los restos de una crianza en la cual los castigos o las reconvenciones que nos hacían no iban dirigidos hacia nuestra conducta como tal, sino a la mala calaña que se sugería en la reprimenda.

Por ello, tendemos a debilitar nuestra estructura defensiva y ceder cuando somos objeto de los señalamientos que disparan a más y mejor los "predicadores del bien", ya sea hacia nuestras costumbres mundanas, nuestro egoísmo o, en general, hacia las costumbres que tenemos y que son distintas a las que consideran deseables.

Ésta es la razón por la que aquí le aconsejo guardar una nota en su archivo de memoria para señalar la diferencia entre lo que sería una sana apertura a la bondad y la peligrosa compulsión a dejarse arrastrar al abismo del sufrimiento emocional.

La empatía, una inclinación positiva que nos acerca a los demás para entenderlos y ayudarles en la medida de nuestras posibilidades, no emerge de una urgencia persecutoria, sino de un legítimo sentimiento de identificación con nuestros semejantes.

Todos deberíamos ejercitarnos en ella sin prejuicios ni reservas, pero de allí a vivir sometidos por los fantasmas de la infancia que nos asedian con reproches, hay una larga distancia.

De modo que mi recomendación es que se haga cargo de la estimación de valores requerida para no cometer actos innobles o injusticias hacia las demás personas. Conviértase en su propio juez, deje que sean las consecuencias de sus acciones las que lo enjuicien o lo absuelvan, eche un cerrojo a la culpa y viva como le dicte un íntimo manual de procedimientos, sin castigos ni presiones.

Revestido con la seguridad de que hace lo mejor que puede con lo que tiene, decídase a mandar al carajo a la culpa y sus sempiternos cultivadores.

No habrá arrepentimientos.

La "hipoteca emocional"

Por considerarla de gran importancia, he decidido crearle una pequeña sección dentro del tema de la culpa a esta modalidad de patología relacional en la cual una persona se erige en acreedor de otra por medio de un mecanismo que, en un principio, suena a máxima generosidad.

La trama suele iniciarse con alguno de esos problemas que a uno se le presentan en la vida cotidiana (desperfecto mecánico en su automóvil, llaves que se quedaron dentro de casa, una medicina que no encuentra en la farmacia, etc.) y, para resolverlo, se necesita un momentáneo auxilio externo.

Providencialmente, una mano salvadora aparece en el camino y ¡zas!, le remedia la necesidad o colabora en la solución del problema particular que lo aqueja.

Como mandan los buenos modales, el favor es agradecido y uno sigue adelante con su vida, sólo que ahora conectado mediante un vínculo de gratitud a quien tan bien le ha servido.

Cierto tiempo después, aquel que parece estar dotado de una esplendiez sin fin se presenta en nuestra casa con una caja de vinos que tenía por allí y que, dada su poca afición a la bebida, prefiere regalarnos para que no se eche a perder.

Queriendo evitar una descortesía, uno se queda con el regalo, con un no sé qué de incomodidad, pero igualmente complacido por contar con un magnánimo rey mago que nos ha mandado el cielo.

Pasan los días y se repite la visita. Esta vez nos regala dos entradas preferenciales para ver un partido de baloncesto al que, de todos modos, no teníamos intenciones de asistir y, de nuevo, extendemos nuestra palabra de gratitud.

Así, el personaje sigue insistiendo con sus obsequios o su oferta de "puertas abiertas", hasta que por fin estima vencido el plazo de mora y llega el momento de cobrar. Porque, sin dudarlo, ¡va a cobrar!

La factura que se ha venido abultando con el tiempo cae en nuestro regazo cuando quien siempre andaba en rol de dador ahora está en la posición de necesitar, por ejemplo, un aventón hasta un lugar que queda a 300 kilómetros de distancia y no encuentra quién se lo dé.

El mensaje de SOS emanado de las pupilas del acreedor o su voz llena de tonos lastimeros removerá en nosotros los más arraigados sentimientos de nobleza y nos impedirá cualquier tendencia a responderle con una negativa. En cuestión de minutos, sin saber con exactitud el por qué, nos prestamos a entregar con docilidad las llaves del costoso vehículo que cuidamos como un tesoro o, en un último gesto por preservar nuestras inversiones, nos sentamos frente al volante para emprender una travesía que no estaba en el itinerario de la cotidianidad.

Allí comenzará un largo expediente de pagos con intereses que incluirán cuanta petición se le ocurra al "amigo incondicional" y nosotros, en la imposibilidad de negarnos, obligados como estamos por un deseo de no quedar como unos solemnes ingratos.

He ahí la noción de lo que llamamos una "hipoteca emocional", la cual progresiva e inexorablemente se volverá impagable y nos esclavizará, a veces, por toda la vida.

El acreedor mantendrá su intercambio de favores a un ritmo que no permite saldar la deuda, hasta el

bendito instante en que usted decida mandarlo al carajo con su persistente latiguillo acerca de lo agradable
de ser unos amigos que se ayudan mutuamente o el
que se ha venido repitiendo de manera obsesiva en su
conciencia:

—¡Rayos! Mira que eres desagradecido —otra vez
la culpa—. Esta buena persona te ha brindado su ayuda cuando lo necesitabas y ve cómo le pagas ahora,
al negarte a devolver los favores recibidos.

¿Cómo zafarse de semejante maraña y sacudirse el
yugo de la supuesta obligación que se nos ha impuesto,
tal vez sin que nos demos cuenta? Pues tomando cons-
ciencia del juego perverso en que un hábil usurero nos
ha involucrado.

Para ello, deberíamos preguntarnos, por ejemplo,
¿de qué se trata el vínculo que hemos establecido con
ese ser que aparenta tener todos los recursos para
aliviar nuestras cargas vitales? ¿Saldaremos en algún
momento la deuda contraída y podremos proseguir
con nuestra vida como lo hayamos planificado? ¿Vale
la pena continuar en una situación tan incómoda, sin
hacer algo para cambiarla?

Las conclusiones a las que usted pueda arribar,
luego de un análisis como el que le propongo, le
darán la fórmula para aplicar en el momento de cortar
el lazo que le ata por el cuello.

Observe que no me refiero a terminar drástica-
mente con la relación, puesto que existen casos en

que estos individuos pertenecen al círculo de amistad o al grupo de familiares más cercanos y de ellos no podemos prescindir así como así.

Mi recomendación va dirigida a suspender la suerte de "trueque" que se ha establecido y construir un intercambio mucho más saludable, libre de ataduras perjudiciales.

La equidad en el trato mutuo debe existir. Si alguien nos presta algún servicio o es de utilidad para salir de un atolladero circunstancial, el agradecimiento es obligatorio, pero no hay justificación alguna para vivir sometido al yugo de un agradecimiento eterno y, en muchas ocasiones, carente de una retribución equitativa.

Una máxima que debe tenerse presente es que, por más desprendida que sea una persona, siempre, en algún recóndito lugar de su corazón, espera recibir una recompensa por pequeña que sea.

El sobredimensionamiento de la oferta o un exceso de generosidad en la entrega es un síntoma inequívoco de que la "hipoteca" está siendo cuidadosamente elaborada y hay que empezar a tomar las precauciones del caso.

Recuerde establecer diferencias entre la bondad normal y el exceso de pasión por ofrecer. Tenga a mano el reglamento de negociación entre la gente, devuelva los préstamos y pague sus deudas antes de que pase "el hombre del maletín" tocando a su puerta.

Si persiste en su empeño por cobrar unos intereses exorbitantes o mantenernos en una esclavitud de agradecimiento, ¡al carajo con él!

Lección 7
¡Salga de la niñez!
Actualice su repertorio de respuestas

Hace algunos años, en mi práctica privada, recibí a un joven ejecutivo referido por su gastroenterólogo para aprender técnicas de control de estrés, debido a que se le había diagnosticado el comienzo de una úlcera duodenal.

Aquel señor –a quien llamaremos F– era un hombre de 34 años, casado, de carácter apacible, inteligente y exitoso en su profesión.

Dentro de la revisión de los eventos que podían elevar sus tensiones emocionales, destacaba el hecho de haber sido ascendido a un cargo que lo ubicaba muy alto en la jerarquía directiva de la empresa en la que trabajaba, a las órdenes directas del presidente.

El jefe en cuestión era un hombre enérgico y exigente, a quien sus empleados temían por el despotismo con el que ejercía su liderazgo.

A pesar de lo que F se inventara para mantener-
lo complacido, nada parecía ser suficiente. Esto le
creaba un monto de ansiedad que solía descargar
en sus entrenamientos como corredor maratonista;
sin embargo, su rutina de sueño se veía perturbada
por episodios de insomnio, combinados con momentos en los que dormía de manera superficial,
por lo que, al levantarse muy temprano, se sentía
un tanto agotado.

Después de varias preguntas requeridas para la
intervención, decidí que la mejor forma de abordar
el caso era diseñar un plan de tratamiento que inclu-
yera sesiones de hipnoterapia.

F estuvo de acuerdo, en vista de que necesitaba
relajarse o "irse a un lugar muy lejano".

Durante el primer encuentro, a pocos minutos
de estar en un trance profundo, dirigido a emplazar
mandatos inconscientes para aliviar la presión que
los nervios ponían en su estómago, noté que la expresión facial de F comenzaba a cambiar. Aunque
al principio reflejaba placidez y se notaba la sime-
tría propia del estado alterado de conciencia, poco
a poco sus gestos fueron mudando a los de alguien
que experimenta un inmenso temor. Sus manos se
crispaban sobre el sillón, la barbilla le temblaba es-
pasmódicamente y, entre los párpados cerrados con
fuerza, se asomaron unas gotas que bajaron por sus
mejillas.

En un momento dado, lo que antes eran movimientos trémulos en su garganta se convirtió en balbuceos dolientes.

Con voz débil e infantilizada, decía:

—¡Yito, no...! ¡Yito no ha sido!... ¡No le peguen a Yito!

Al sospechar que habíamos topado con elementos conflictivos que no estaban en el protocolo de trabajo planteado, le instruí para ponerlos a un lado y dedicarnos al tema de su úlcera.

Así se hizo y el resto de la sesión transcurrió en lo que parecía una grata calma. Al despertar, F lucía descansado y contento por el alivio que experimentaba en la zona de su estómago.

Una vez concluida la detallada relación que hizo de sus placenteras sensaciones corporales, me atreví a preguntarle quién era Yito.

Habría sido necesario tomar una fotografía con una lente gran angular para retratar la inmensidad de su estupor al escuchar aquel apelativo tan particular.

—¡Yito! ¿Cómo sabe usted eso? ¡Hace años que nadie me llama así —dijo con la voz entrecortada.

—Me lo has dicho tú mismo —fue mi respuesta.

Yito era la abreviatura en la que se había convertido el apelativo cariñoso que la abuela de F había escogido para él a causa de la breve estatura y el bajo peso que tenía en su primera infancia. Cada vez que el padre –un hombre hostil y dado a la bebida– agredía al hijo por cualquier motivo banal, la buena señora lo acogía en su regazo para protegerlo y clamaba para que aquel energúmeno no maltratara a su "pollito" (Yito fue la reducción del sobrenombre).

Nuevas asociaciones de ideas en la consulta hicieron que F descubriera un sinfín de similitudes entre la personalidad de su progenitor y la del jefe que ahora le atosigaba con molestas intromisiones y críticas en la oficina.

En aquellos días todavía no había yo meditado lo suficiente sobre las ventajas de mandar a la gente al carajo y, por ello, me limité a completar el trabajo de mejoramiento de los síntomas fisiológicos y darle algunos lineamientos para afrontar, de forma menos dañina, la relación con aquel inesperado sustituto paterno.

El progreso del paciente fue notable y, al cabo de un limitado número de consultas mejoró su salud física, su estabilidad laboral y… ¡ah, sí!… figuró entre los primeros diez en la siguiente carrera de maratón en la que participó (cosa que nunca antes había hecho).

He escogido hacer un recuento de esta experiencia para dar una idea de cómo las emociones –en especial, aquellas conectadas con situaciones de alta tensión– pueden quedar reprimidas en su estado original y actuar desde el inconsciente para determinar, hoy en día, reacciones asociadas con aquellas que yacen en nuestro registro de memoria.

Al igual que ocurre con cualquier proceso psicológico del que no tenemos conciencia, sus manifestaciones están fuera de nuestro control voluntario y, por esa razón, nos ponen en riesgo de caer en equivocaciones, aumentar nuestra ansiedad cotidiana o –como en el caso de F– hacernos reaccionar hacia el interior del organismo y así causarnos daños que pueden ser irreparables.

En aquella situación cabía también la posibilidad de que el director, calificado por él como atrabiliario y ante quien era incapaz de ejercer sus elementales derechos laborales, no fuera tan poderoso o abusivo como él lo veía, debido a que en muchas oportunidades la figura de lo que nos atemoriza está más en nuestra mente que en la realidad.

Lo que resultaba evidente era que su autopercepción ante el jefe se asemejaba a la de un niño endeble e indefenso necesitado de protección y no a la de un adulto profesional, bien preparado y tan respetable como cualquiera.

Es factible que, en la pantalla de su imaginación, el jefe fuera su padre hostil y no un hombre tal vez algo conflictivo que padecía de hemorroides y de ahí su mal carácter.

Al tomar en cuenta esta particularidad de nuestro aparato psíquico para modificar la capacidad perceptiva, me veo precisado a enfatizar en la importancia de actualizar el repertorio de imágenes de memoria que usted tiene de su pasado.

Revisar la historia de cómo aprendió a responder ante eventualidades que revolvieron sus emociones básicas le ayudará a ubicarse en una posición favorable para aumentar sus capacidades adaptativas, por decir lo menos.

¿Qué rayos es eso de "actualizar" las emociones?, me han preguntado –a veces con desesperación– cuando he planteado esta idea en conferencias o escritos relativos al tema de la libertad individual.

—¡Precisamente eso! Sacar del baúl de los recuerdos todas aquellas escenas del pasado que uno da por olvidadas o superadas, pero que tienen una capacidad de zombi para sobrevivir, por hondo que se les sepulte.

La mejor vía para combatir esos espantajos y transformar lo que puede ser una energía saboteadora en una fuerza constructiva la he encontrado en un sencillo ejercicio derivado de lo que se trabaja, desde el punto de vista terapéutico, en cualquier consultorio psicológico.

Procedo a exponerlo aquí, escogiendo de nuevo la rabia como emoción principal, y lo invito a practicarlo:

1. Tómese unos minutos para sentarse en algún lugar cómodo y apartado de ruidos molestos o personas que podrían requerir su atención.
2. Abra en su mente el "álbum de fotografías" que hay en su historia personal y vaya hacia atrás, tan lejos como pueda.

3. Escoja un acontecimiento de aquellos en los que tal vez haya tenido que soportar un castigo o una reprimenda injustificada (no solo de sus padres; puede tratarse de maestros u otros individuos que le causaban temor), ante la cual no le fue posible ejecutar recursos defensivos.

4. Pulse el botón de pausa en el momento más álgido y trate de revivir la emoción que sentía en la situación planteada. Haga lo posible por contactar con el enojo o la impotencia que, sin duda, debe haberle inundado.

5. Piense ahora en lo que le habría provocado hacer, por ejemplo, devolver la agresión o el insulto recibido aunque proviniera de una persona muy importante en su vida y a quien debía un obligado respeto.

6. Desate su rabia con toda la intensidad de la que sea capaz y sin censura por validar tales impulsos, a menudo son considerados como inaceptables. Recuerde: ¡Nada de culpa!

7. Una vez consumada su descarga afectiva, detenga la escena en cuestión y vuelva a la actualidad para tomar conciencia de que lo que ha revivido pertenece a un tiempo remoto y allí debe quedarse. Hoy está usted aquí, es una persona distinta a la que padeció la humillación y quizás aquella otra que le causó tanto malestar también lo sea. En el momento actual ya no sirve de nada aferrarse al resentimiento o la rabia que en aquel tiempo le produjo, si es que todavía tiene una relación con ella.

8. Perciba el bienestar que le genera no solo haber dado salida a la energía aprisionada por tantos años, sino además el hecho de tener ahora en su memoria un recuerdo más grato para evocar: una respuesta justiciera y no temerosa.

9. Hecho esto, ya podrá "pasar la página", como se acostumbra decir cuando le recomiendan a uno dejar atrás los rencores.

Mi indicación específica para esta experiencia es que la repita de vez en cuando, con paciencia y dedicación, y trate de llegar a la mayor cantidad de escenarios que puedan haberle impactado negativamente.

Esta es solo una de las muchas operaciones que permiten diferenciar lo que es una emoción antigua de otra cuyo origen está en la realidad que hoy tiene al frente.

De allí viene el término actualizar , que hemos escogido para aplicar a las emociones y al repertorio de respuestas que necesitamos utilizar para relacionarnos adecuadamente con los demás. Sumándolo al que le resalté en el párrafo anterior –diferenciar– tendrá a mano un instrumento muy útil para fortalecer su proceso de liberación y verdadera autonomía como adulto.

Si me pregunta de qué sirve la diferenciación en el tema que ahora nos ocupa, le diré que de mucho.

Deténgase un momento a pensar en lo que le ocurría a F en su vida cotidiana. Mientras no había contactado con representaciones ligadas a eventos anteriores, movilizadores de ansiedad, era un individuo estable, controlado y del todo coincidente con lo que cualquiera daría en llamar un hombre "maduro".

No obstante, al ser promovido a un cargo que le hacía depender de un directivo soberbio y arbitrario, quedó a merced de su pasado, el cual le ató de manos para defender su rango personal y lo redujo a la condición de un endeble "pollito" al que le faltaba el cobijo de su abuela.

¿Qué otra cosa iba a hacer su estructura psíquica sino concentrar una exagerada atención sobre aquella área del organismo que suele alojar los elementos simbólicos de la rabia y producirle una irritación constante de la pared gástrica?

Era claro que F no tenía la capacidad de diferenciar lo actual de lo ya vivido y, por eso, reaccionaba de la misma forma que cuando era un niño. Una vez establecida la separación entre el jefe y su padre, pudo desactivar el mecanismo que le enfermaba.

De eso se trata el proceso de actualizar las emociones: no repetirlas cuando ya no se ajustan al presente.

¡Nada de vivir perseguido por elementos infantiles o agachando la cabeza ante cualquier mandamás que aparezca ante nuestros ojos con intención de someternos a sus caprichos!

Muy pocas facultades para mandar a alguien al carajo tiene quien carece de una percepción clara de lo que ocurre en su entorno inmediato.

El mundo real está en el hoy y el mañana, que comienza a formarse cada segundo que se vive.

Así que, ¡a ponerse al día! Mantenga el máximo de atención sobre lo que altera su emocionalidad, sin permitir que el fangoso fondo de su mente colabore con el acoso de gente problemática... como ocurría con el "pollito" aquel.

Lección 8
Aplique a su familia, pareja y amigos los mismos principios de respeto o... ¡Al carajo con ellos!

Durante los últimos años, las inquietudes más frecuentes que me han expresado los lectores acerca de mi trabajo sobre la asertividad son:

¿Cómo mando al carajo a personas con las que estoy unido por lazos de sangre, amor o amistad?

¿No estaré corriendo el riesgo de perderlas o lesionarlas?

¿Será mejor armarme de la santa paciencia y dejar que el paso del tiempo mejore las cosas?

Ha sido notable que, con respecto a este tipo de relaciones, la que parecía ofrecer algo más de facilidad era la referente a la pareja.

En cambio, frente a la familia y las amistades, el asunto sí que tendía a complicarse un poco.

¿Qué hacer, por ejemplo, con un padre autoritario, una madre invasiva o manipuladora y un hermano que se complace en mortificarlo, sólo porque no encuentra una mejor forma de distraer su aburrimiento? ¿Puede librarse de tales incomodidades, cuando está obligado a compartir los mismos ambientes y unos delicados lazos afectivos con quienes se las ocasionan?

Lo primero que debe tener presente a la hora de apreciar las acciones que vaya a tomar hacia los seres queridos es que la idea de que enviarlos al carajo no implica una dolorosa separación física o la total anulación de los sentimientos que alberga hacia ellos. Se trata, más bien, de hacer evolucionar los intercambios personales, de manera que cada cual se encargue de sus problemas y enfrente las inevitables consecuencias de los actos que ejecute para resolverlos. Esto es, que no delegue en otros la tarea de cargar con unos conflictos en los que no tienen participación o responsabilidad directa.

De nuevo aquí lo importante es establecer diferenciaciones muy precisas.

La distinción, en estos casos, se refiere a separar a la persona en sí misma de aquellos aspectos que le desagradan, tanto en su actitud como en su comportamiento.

Digamos, por ejemplo, que usted ama a su padre, pero él tiende a utilizar el pretexto de una edad avanzada o un precario estado de salud para movilizar sentimientos compasivos y obtener así algún tipo de recompensa, como atención, obediencia o la supresión de exigencia en alguno de los trabajos que le corresponden.

¿Qué va a hacer? ¿Meterlo de cabeza en un asilo y apoderarse de la casa para sentirse, por fin, a sus anchas? ¿De verdad cree que va a lograr la paz espiritual de esa manera o, por el contrario, vivirá en una constante zozobra al pensar en los daños que le puede haber causado al pobre señor?

Un acercamiento más provechoso al dilema sería poner en un platillo de la balanza al ser que colaboró con su llegada a este mundo y, al otro lado, los inconvenientes rasgos de personalidad que ahora presenta, para operar sobre estos últimos en lugar de romper los lógicos enlaces familiares que lo unen a él.

Ya que hemos escogido a un personaje tan relevante como un padre para representar a quienes desearíamos dar una lección de autonomía y madurez, podría sugerirle que comience por constatar el significado que esta figura tiene para usted.

¿Lo ama y desea un cambio que no sólo resulte beneficioso para él, sino para toda la familia? ¿El señor es alguien cuya presencia estima, pero a quien apreciaría más si no fuera por su repetitiva conducta de atraerse beneficios con su rosario de quejas y lamentaciones? ¿Se siente capaz de modificar el estilo despectivo, obediente o indiferente que ha utilizado hasta el momento en que presenta alguna de sus conductas indeseables?

Luego de reflexionar sobre estos puntos y sacar en claro la conclusión que mejor se ajuste a lo real,

la fase siguiente sería encontrar un mecanismo neu-
tralizador de los mensajes que envía con mayor frecuencia y los actos derivados que a usted le parezcan
repudiables.

Tal vez sería útil que, antes de continuar leyen-
do, repasara lo que le he recomendado en lo relati-
vo a los sentimientos culposos de los que hablamos
en la Lección 6.

Cuando haya descartado al insidioso virus de la
culpa, podrá encarar con mayor soltura y eficiencia
lo que sea el aspecto más molesto de la conducta
del progenitor.

En el caso de un padre astutamente quejoso, el
plan estaría destinado a lograr que su autodefinición
—que entra en la clasificación de los enunciados al
estilo "pobre-de-mí"— le resulte tan enojosa, que decida cambiar de rumbo y orientarse hacia un comportamiento menos desagradable para su entorno.

Si desea usted una visión algo más explícita de lo
que intento decirle, imagine uno de esos momentos
en los que el señor se lamenta por "ser un pobre
enfermo a quien debe guardársele una infinita obediencia, dadas sus lamentables condiciones de salud" y, a causa de tal argumento, explota tanto a su
señora como a quienes estén al alcance de su mano
(o de su voz).

Piense en el tipo de respuesta que él acostumbra
recibir y los bienes que derivan del grupo familiar,

aunque vengan acompañados de reproches o mohínes de hastío.

Introduzca ahora un factor de cambio de la rutina habitual, como sería que, en vez de recibir la atención esperada, lo que encuentre sea un grupo de personas que le dan la razón y se aprestan a tratarlo como si fuera un verdadero inválido. Esto es, preparadas inteligentemente para elevar el grado de cuidados, hasta el punto de suprimirle el consumo del café que tanto le gusta, porque "es perjudicial para su tensión arterial"; apartarlo de los quehaceres en el hogar hasta dejarlo confinado a un sofá mirando programas aburridos, en lugar de los programas deportivos o los noticieros que tanto ama porque estos "le alterarían los nervios"; abrumarlo con recordatorios acerca de la ingesta de sus medicamentos o su asistencia a consulta con el especialista que debe regularlos, etcétera.

Así, de manera sistemática y sin asomo de contrariedad, le hará ver que su postura de víctima no le aporta el placer ansiado y que puede relacionarse con la gente y consigo mismo dentro de un ambiente más grato para todos.

Es lógico que al principio del tratamiento se produzcan reacciones negativas de su parte, como un aumento de las quejas o muestras abiertas de enojo. Pero si, a pesar de la protesta, el proyecto se mantiene sin alteraciones emotivas o moderaciones compasivas, en poco tiempo podrá observarse cómo quien antes no dejaba de estar pendiente de sus carencias personales, creyendo que podía llenarlas en respuesta a la fabricación de un cuadro enternecedor, se percata de que es alguien con mejores posibilidades vitales, que tiene un lugar digno en la familia y que puede ganarse el respeto de sus semejantes.

Como usted puede darse cuenta, en ninguna parte he señalado como apropiado el maltrato verbal o físico. El procedimiento de cambio que sugiero es de naturaleza racional, dirigido a suprimir lo que en Psicología se llama el "beneficio secundario" de la conducta enfermiza.

Esto quiere decir que la necesidad de causar lástima, al igual que el deseo de dominación por la vía que sea, no es un aspecto normal de la personalidad y debe ser sometido a un proceso de cambio conductual. Soportar la molestia o quedarse en la comodidad derivada de la subordinación a lo que son síntomas de un padecimiento emocional es reforzar la patología subyacente.

Si se suprime el beneficio secundario, el esquema distorsionante de las relaciones tiende a debilitarse y el individuo se ve obligado a valerse de nuevas vías para expresar lo que ocurre en su mundo interno.

Quizás al hacerlo encuentre personas preparadas para canalizar con afecto sus inquietudes hacia una forma menos molesta o más evolucionada. ¿Qué mal habría en ello?

El aspecto central de esta lección es reconocer y fortalecer el derecho de cada cual a vivir sin estorbos o intromisiones desagradables, incluso cuando provienen de un ser a quien se le debe respeto y consideración, ya sea por su edad, su rango familiar o una amistad de largos años.

Someterse a caprichos irracionales o consentir actos que no dejan alternativas provechosas solo contribuirá a generar un constante desbalance en nuestro ámbito emotivo que creará un ambiente mucho más negativo que aquel que queríamos evitar.

Es mejor ocupar el valioso tiempo del que disponemos en mejorar nuestro estándar de vida y el de la gente a quien siempre le deseamos bien, por más irritantes que puedan ser en un momento dado.

Seguir la línea del "nada se puede hacer", a la muchos recurren por temor al cambio, es caer e resignación, a un escalón del resentimiento.

Ese padre que se conduce en forma necia y fastidiosa, aquella madre sobreprotectora o autoritaria y hasta el hermano abusivo que se cree un jeque tiránico, enfrentados a un medio que no cede a sus peticiones sino que las revierte en su contra, terminarán por abandonar su postura o –en caso de una terca persistencia en sus atropellos– exponerse a ser confinados a las gélidas alturas del carajo.

¿Y la pareja?

Mis unidades de análisis, siempre coloreadas por la suspicacia, me llevan a intuir que en su cabeza ha quedado rondando la intriga de cómo funciona esta receta cuando la persona problemática es su pareja.

Y complemento mi deducción, convencido de que se lo plantea bajo el supuesto de que no quiere separarse de ella, sino prescindir de ciertos elementos en su comportamiento que, a largo plazo, podrían tornarse insoportables.

No me quedará entonces más remedio que complacerlo y ofrecerle una variación de la modalidad que ya he sugerido en relación con el padre quejoso.

Solicito su venia, pues otra vez me apoyaré en el historial que conservo de mis consultas:

Una joven se quejaba del carácter terriblemente posesivo de su novio, quien pretendía vigilar cada paso que ella daba fuera del alcance de su vista.

Si salía de viaje, él debía estar enterado hasta el detalle más nimio del itinerario a seguir y revisaba por teléfono móvil cada punto en donde se encontraba la chica.

Cuando era invitada a una reunión con excompañeras de colegio, el hombre se resentía por no ser incluido en el evento, y su nerviosismo era todavía mayor si en el grupo había alguna persona que no fuera conocida de antemano. La curiosidad que le aquejaba era tan compulsiva, que llegaba al extremo de pedirle la identificación de las llamadas que recibía, así como las claves de las redes sociales y el correo electrónico que ella usaba.

—Es sólo que te quiero demasiado y necesito estar enterado de todo lo que experimentas en tu vida. Si no tienes nada que ocultar, ¿qué importa que sepa tus cosas? Entre quienes se aman no debe haber vida privada.

Tales eran las razones que daba para justificar lo que no era sino una pasión obsesiva.

La respuesta a mi provocadora pregunta de si ese mismo principio aplicaba al espacio personal del novio fue que así era, pero que la muchacha no tenía ni el tiempo ni el deseo de meter las narices en sus asuntos más íntimos. Además, la vida de aquel individuo era tan restringida y rutinaria, que no había nada interesante que investigar.

Una salida satisfactoria a tan engorrosa situación parecía muy lejana. No obstante, un recurso aportado por la teoría de la comunicación vino en nuestro auxilio.

Se me ocurrió que, en vez de seguir combatiendo la enojosa conducta con argumentos que eran desarticulados de inmediato mediante una avalancha de conceptos inmodificables por la razón, lo mejor sería suministrarle una sobredosis de la medicina que él estimaba como la más indicada para apaciguar sus tormentosas desazones.

Mi indicación a la muchacha fue no discutir más los controles neuróticos de los que era objeto y que, más bien, los aceptara como consecuencias lógicas de una relación amorosa que ella, hasta aquel momento, no había sabido apreciar en su verdadera dimensión.

Desde aquel mismo instante, se dedicaría a llamarlo por teléfono varias veces al día para reportarle insignificantes detalles de su rutina. Si estaba en el trabajo, le informaría –siempre con cariño– que se disponía a tomar café o asistir a una reunión en donde se trataría tal o cual tema y en la que estarían fulano y mengano, de quienes le proporcionaría datos irrelevantes en una confusa reiteración que pareciera adecuada como aclaratoria.

Cuando estaba en casa sin hacer nada, lo invitaría a chatear o le escribiría largos correos para comentar las opiniones de sus amigas sobre las dietas de moda, las noticias acerca de cómo los diseñadores más conocidos estaban organizando sus desfiles en otras ciudades del mundo o cualquier otra actividad frívola que se le pudiera ocurrir.

La joven acogió todas aquellas sugerencias entre risas y amplias aperturas de ojos que delataban los maquiavélicos destellos de comprensión que chispeaban en su cerebro mientras me escuchaba.

Al entrar a la sesión de la semana siguiente, su rostro brillaba de contento. Como quien se dispone a describir lo vivido en un maravilloso parque de diversiones, sus párpados se agitaban en aleteos de júbilo y una risa apenas contenida tendía a interrumpir lo que sería su entusiasmada narración.

—¡No sabes lo bien que la estoy pasando! —dijo casi en un grito—. Aparte de hacer lo que me recomendaste puse algo de mi propia cosecha. Les he pedido a mis amigas llamarme cuando estoy a solas con mi novio. Sin atender a sus reclamos por las interrupciones que nos causan, me defiendo con los mismos argumentos acerca de que es mi vida personal y él tiene que estar al tanto de lo que me pasa o lo que me interesa. En ocasiones, hasta insisto en que tome el teléfono para que ellas le comenten cualquier tontería que se les ocurra.

»¡El tipo está desesperado! Imagínate que ayer por la tarde se atrevió a decirme, en un tono que sonaba molesto, que administrara mejor mis llamadas, porque su jefe ya le había puesto la cara seria, pero a la media hora aparecí de nuevo. Le hice ver que estaba dolida por lo que me parecía una actitud de desapego y falta de interés de su parte.

»El pobre no pudo menos que consolarme, aun cuando se le sentía en la voz que lo hacía de mala gana. Hoy no lo he llamado. Sólo le he enviado cuatro mensajes de texto para decirle cuánto lo amo. ¡Creo que se va a volver loco! ¿Cuándo debo parar? Porque, la verdad, es que le tengo la vida vuelta un infierno, pero yo me estoy divirtiendo un montón.

Satisfecho por el resultado que daba nuestra componenda desestabilizadora, la insté a continuar por un corto tiempo más y tranquilicé ciertas inquietudes que rondaban su cabeza, tras asegurar que aquella historia llegaría a un buen desenlace.

En efecto, a los pocos días de comenzada la "terapéutica" (como dio ella en llamarla), el hombre acabó por darle la razón. Avergonzado, reconoció que era un inseguro celoso y que había convertido la relación en una investigación policial, en vez de confiar en las mejores cualidades de su novia.

A continuación le sugirió un pacto: sólo sería comunicable lo que cada uno deseara sin que el compañero hiciera presión alguna o se inquietara si quedaba al margen en alguna situación particular. Ambos acordaron respetar los espacios personales y emplear lo mejor posible el que estaba reservado para ellos como pareja.

El resultado fue que la joven tuvo que renunciar a lo que había sido una "diversión" temporal y el hombre a su plan inquisitorial, en aras de una relación saludable.

¿Qué fue en realidad lo que mandó esta joven al carajo con su "terapéutica"? Es evidente que no fue la totalidad del vínculo amoroso, sino una molesta celotipia y la tesis supuestamente racional que la sostenía.

Al replicar con exageración la conducta perniciosa del novio, pudo mostrarle que su ansia de fiscalización les impedía sostener el derecho a la individualidad, que es condición imprescindible para una saludable relación de pareja.

Hasta el día de hoy no me han llegado reportes negativos de aquella chica que, al despedirse de mi consulta, no dejaba de exhibir una cara de luna llena de abril.

He aquí, en un vuelo rasante, lo que puede hacerse con inteligencia y un método adecuado para expulsar elementos dañinos de una relación.

Los celos que no corresponden a un cuadro real de peligro, la agresión abierta o disimulada, el chantaje emocional del tipo "si no haces tal cosa, es porque no me quieres", así como cualquier otro rasgo derivado de un conflicto ajeno a lo que es un sentimiento tan noble como el amor deben ser objeto de reflexión y de una conversación honesta entre quienes participan de la pareja.

De no poder ventilarse tales temas y proponerse una solución de mutua correspondencia, lo mejor será salir corriendo de allí, no sin antes despedir hacia el espacio sideral a aquel que desea mantener el estado patológico como está.

Mi recomendación final en esta lección es poner siempre en primer término la idea de la libertad y el respeto que todos necesitamos como individuos, en especial, hacia y desde aquellos que dicen compartir nuestros afectos.

El resto de las consideraciones que ruedan por ahí en los kioscos de revistas y en las peluquerías podemos dejarlas en la lista de los buenos propósitos con malos resultados, a los que nuestra formación familiar y social nos tiene acostumbrados.

Lección 9
Aléjese de la castración

El llamado complejo de castración es una construcción teórica creada por Sigmund Freud, en relación con el temor que siente el niño a perder su órgano genital como castigo por sus fantasías edípicas. Ésta es una explicación muy sucinta de lo que en realidad es un esquema psicológico mucho más profundo y todavía sometido a controversias que, a tenor de lo visto hasta ahora, serán interminables.

Por tal motivo, sólo me referiré a la castración en términos de "pérdida de estima o reconocimiento personal", es decir, algo parecido a lo que postulaba el psicoanalista disidente Alfred Adler, al hablar de la necesidad que tiene el ser humano de pertenecer y sentirse importante entre sus pares.

Para seguir con lo que ya es costumbre, incluiré al comienzo de mi intervención unas preguntas que lo lleven a meditar:

Piense en cuántas veces ha estado expuesto a la influencia de personas o grupos que, por razones desconocidas, parecen empeñados en disminuir su calidad personal.

¿Cómo se siente cuando alguien no solo ignora su valor como persona sino que, con malicia, se encarga de confundir su cerebro para hacerle olvidar esa noble condición?

¿Cuál es su talante habitual cuando se encuentra en una incómoda posición subalterna, en la cual es objeto de comentarios puntillosos que lo hacen sentirse humillado?

¿Se ha detenido a pensar en el hecho de que tal vez el éxito logrado por los emisores de mensajes que lo rebajan depende, en cierta medida, de su participación consciente o inconsciente?

¿Qué sensación le dejaría darse cuenta de que lleva demasiado tiempo aguantando chistes maliciosos, sólo porque los deja pasar como si fueran aspectos inofensivos que no deberían herirlo?

Tómese unos minutos para evaluar estas cuestiones antes de adentrarse en el factor subyacente a todas las respuestas que aparezcan en su escenario mental.

¿Lo ha detectado? ¿Se le ha erizado un tanto la línea vellosa que le recorre la nuca?

Muy bien. Si es así, le informo que acaba de colisionar con lo que en dinámica psicológica llamamos ¡la amenaza de castración!

Es ese terrible punto en el cual usted se encuentra en grave riesgo de convertirse en un objeto sin aliento, una especie de mueble que ya no adorna, sino que pasa a ser una reliquia inservible sobre la que se dejan colillas encendidas o, peor aún, que es usada para montarse sobre ella cuando se quieren alcanzar los anaqueles más altos.

No me negará que es un tenebroso panorama el que se abre ante sus ojos al leer el estremecedor párrafo que acabo de dejarle, pero ¿cuántos acompañan con su indiferencia o su ignorancia la procesión que los conduce a la absoluta pérdida de su categoría humana, para ser tratados como meros objetos?

Acaso no haya reparado antes en ese tipo de cosas, mas, si ha sufrido el horror de ver parejas de ancianos en las cuales uno de ellos es poco menos que un cero a la izquierda, podrá tener una idea de lo que estamos hablando.

Mientras el más débil arrastra su deplorable humanidad con una sonrisa neutra e inexpresiva, el otro lo reprende como si se tratara de un niño tonto (se aplica a ambos géneros) y le recuerda, sin muestra alguna de compasión, sus limitaciones y lo cerca que está del alzheimer o de la imbecilidad permanente.

Durante el tiempo que están en el hogar, no cesa de herirlo con reclamos por lo descuidado que se ha vuelto y se complace en relatar socarronamente a las visitas o a los familiares unas patéticas anécdotas sobre su "deterioro mental" o físico.

Cuando salen a la calle, se asegura de no dejarlo tomar alguna decisión ni siquiera acerca de la forma como debe vestirse, el rumbo que habrá de seguir para llegar a la farmacia de la esquina o el monto de dinero que debe gastar. Sus opiniones, en general, son ignoradas como si provinieran de un mono aturdido por un petardo y si, por casualidad se le antoja algún cambio o alguna aventura fuera de lo rutinario, se codifica tal propuesta como un exabrupto característico de la locura.

He allí la representación más gráfica de lo que es una persona castrada. De algo tan deshonroso debe uno alejarse y cuanto más pronto mejor.

Es bueno apuntar que a menudo el proceso anulador de la personalidad comienza solapadamente, mucho antes de que la víctima llegue a los límites de la ancianidad.

Procedamos a revisar este aspecto con más detalle.

Quizás haya escuchado mencionar una categoría psicológica denominada "agresión pasiva", que alude a un tipo de conducta motivada por el disgusto derivado de una situación injusta o basada en un reglamento arbitrario, a la que no se le puede hacer frente de modo apropiado.

Quien se inflama por dentro sin posibilidades de expresarse como quisiera es, en esencia, un personaje lleno de un rencor no demostrado y que se reserva en espera de la ocasión propicia para dar el hachazo reivindicativo.

Mientras aguarda su turno para vengarse, se entretiene arrojando sombras sobre la figura de aquel a quien considera el causante de su malestar o ensayando perjuicios a los proyectos que éste pueda tener.

Sus argucias incluyen una variada gama de conductas, como poner objeciones a cualquiera de las opiniones que el otro emita, hacerlo dudar sobre su autoridad o su inteligencia, desconocer virtudes que se atribuya, lesionar su patrimonio al perder dinero o romper objetos valiosos de su propiedad, "olvidar" encargos importantes, etcétera.

Si el objeto de la vindicta es alguien muy cercano o con quien tiene que compartir la vida por tiempo prolongado (el caso más frecuente es la pareja, pero sucede en otros campos), el resentido hallará oportunidades de sobra para observar los defectos que pueda tener en su conducta, así como las equivocaciones que cometa en decisiones más o menos importantes y, con paciencia franciscana, las irá almacenando en una carpeta titulada: "Para cuando llegue el momento".

Mucho del desenlace de tan oscuro proyecto dependerá de que el otro no perciba las sutiles maniobras que, poco a poco, minarán su autoestima y su dignidad.

Llegado el día en que esos dos pilares fundamentales de la personalidad se hayan apagado lo suficiente a consecuencia del trabajo de hormiga que ha hecho su contraparte, lo único que le quedará al blanco de la castración es doblegarse y acogerse al penoso rol que se le quiera asignar.

En la revisión clínica del recorrido de dichas interacciones destructivas, lo que se encuentra con mayor frecuencia es que el trabajo corrosivo se inició con gran antelación y, si no se ha podido detener, es debido a que su acción fue encubierta con habilidad por estratagemas o mensajes encuadrados en lo que aparentaba ser una suerte de chanza cordial:

—Es que con la fuerza que tienes en tus manos de oso, vas a romper la botella. Mejor dásela a Pancho para que la abra.

—Creo que esa tanga le quedaría mejor al trasero de Jennifer López. Venga, querida, vamos al departamento de las niñas.

—Tus chistes son excelentes, pero mejor me los cuentas a mí primero. Tú sabes, para no pasar penas en la fiesta. Así quedamos bien los dos.

—Afortunadamente no eres de esas mujeres intelectuales que todo lo complican. Me encanta tu bella indiferencia a la realidad del mundo.

Acotaciones de esa índole, acompañadas por un dejo de candidez y coreadas por una audiencia cómplice, son de una enorme efectividad para de rribar una personalidad que no esté estructurada con solidez.

Observe que no se trata de una descalificación en el sentido estricto, sino de una agresión disfrazada de halago o de combinación afectuosa. El mensaje, en este caso, es de un gran potencial aniquilador, porque sitúa al objetivo en el típico conflicto imposible de resolver de modo favorable.

Tomemos como muestra uno de los comentarios "casuales" que anoté arriba: la alusión a las manos de oso puede tener una implicación positiva de fortaleza y hasta de ternura (mi oso peludito y fortachón). Sin embargo, se desprende del enunciado que lo requerido para abrir la botella no es una mano poderosa sino una habilidad de la cual el "oso" carece.

¿Cómo podría reaccionar aquel que ha sido aludido de tal forma?

¿Enojándose por lo que considera un calificativo inaceptable?

¡No!, porque de inmediato se le señalaría el contenido cariñoso que viene explícito en las palabras escogidas y así quedaría no sólo como un pobre impedido manual, sino como un ser paranoico, susceptible e incomprensivo.

¿Y si acepta de buena gana la calificación que se le ha dado?

Habrá contribuido entonces al trabajo del silencioso comején que, día a día, roe el árbol de su estima personal, hasta verlo caer sin que haga mayor estruendo.

Un cuadro desolador, ¿no le parece?

¿Qué espera entonces para ponerle freno a aquellos que minan su entereza moral o rebuscan en su historia para encontrar fallos que pueda haber cometido en el pasado y quieren hacérselos pagar cuando, a lo mejor, ni recuerda lo que se le demanda?

Ya sabe usted lo que saldrá de mí casi como una orden militar:

—¡Al carajo con la malévola trama de la castración!

Se me ocurre que, durante la lectura de lo que he estado exponiendo en esta sección, usted habrá tratado de averiguar cuál peripecia le voy a aconsejar para defenderse de una amenaza de esa índole y la verdad es que me encantaría tener a mano una solución sencilla. No obstante, contra estas inteligentes artimañas no existe un antídoto mágico. Los seres humanos decididos a hacer sufrir a sus semejantes, más si poseen una suficiente carga de inquina, tienen a su alcance cientos de procedimientos para aniquilar con dureza a sus cautivos.

Lo más inmediato que puedo aportarle es la idea de que se especialice en detectar el veneno incluido en mensajes dirigidos a todo aquello que lo identifica como persona. Al menos así estará en una posición ventajosa para detener el juego perverso antes de que se instale.

Un ejercicio de autoconocimiento y apropiación de sus mejores características, que acompañe a la pronta limitación de los mencionados ataques, será el mejor complemento para bloquear cualquier intento de castración.

Podríamos resumir el centro de la lección en una sola y simple frase:

Nadie puede mandar nada al carajo si no se con sí mismo ni a lo que quiere proteger.

Cualquier táctica destinada a la defensa de su integridad individual y a la preservación del estatus que usted se merece debe partir de un convencimiento claro de los límites que hay entre el juego inofensivo y la agresión traicionera.

Una vez alcanzado el mejor acuerdo interno sobre lo que es o quiere llegar a ser, no le quedará más que poner a buen recaudo tal noción y protegerla de cualquier comentario que le haga dudar, así venga disfrazado de colorines o adornos angelicales.

Luego, con la frescura de quien tiene bien resguardadas sus propiedades, puede salir a encontrarse con su medio social, amistoso o amoroso, sin el temor de que, en algún desvío de su atención, le claven el estilete de la desvalorización.

Si en su análisis privado descubre que tiende a cometer desatinos, ya sea por ignorancia, falta de tacto o lo que sea que pueda influirle en su conducta, trate de mantenerlos bajo control y remediar los daños que crea haber ocasionado.

Tenga siempre presente el reglamento ético que haya construido para su uso personal y conozca al dedillo los límites propios, así como los potenciales que le permitirán extenderlo. ¡Abra bien los ojos y no los cierre ni por el estampido de un cañón a sus espaldas!

Vigile que esté siempre encendido el sistema de detección de señales que envía o recibe, así como de todo lo que ocurre en su hábitat más visitado o aquel al que más aprecio le tiene.

Uno de los resultados más apetecibles de esta práctica es el hecho de comprobar que el afecto sincero se reconoce casi por instinto. En cambio, aquello que sólo se cubre de un ropaje mimoso para lesionarlo cuando más desprevenido está, suele dejar un regusto amargo en el paladar.

Cuídese de los rótulos que intenten ponerlo a partir de una circunstancia trivial y califique cualquier "bromilla" o lapsus que se repita con cierta frecuencia en la boca de cualquiera de sus conocidos como un acto intencional que requiere una explicación.

No importa que le reprochen la sensibilidad que exhiba en las conclusiones que extraiga o que lo tilden de paranoico (si no lo es). ¡Que se encarguen los bromistas de demostrar su inocencia!

Consulte a quien acostumbra herirlo "amorosamente" sobre sus sentimientos más profundos. ¿Tendrá alguna queja no manifiesta hacia usted? ¿Lo habrá herido en algún momento y querrá hacérselo pagar de alguna forma quizás ignorada hasta para él o ella?

Esto es algo que puede hacer sin necesidad de enojarse o caer en discusiones bizantinas que no llevarán a ninguna parte, más que a una indeseable confrontación.

De no producirse la explicación que demanda, le queda el recurso de aceptar lo planteado y revertir su significado hacia un aspecto positivo, con lo cual pone sobre la mesa la certeza de que ha captado el significado oculto del comentario.

—¿A qué se debe eso de las "manos de oso", querida? Sí, soy muy fuerte, pero también conoces las otras habilidades que hay en estas manazas (en velada alusión a lo erótico).

—Tienes razón. No soy una intelectual de esas que devoran libros y escriben en los periódicos, pero tampoco es que sea una completa ignorante. No te imaginas la cantidad de cosas que conozco, pero la prudencia me impide andar por ahí revelándolo todo así como así.

Tales podrían ser salidas elegantes a la trama engañosa en la que se sumerge quien está en la mira de la castración.

Es bueno recalcar que su intención no debe ser ganar una querella o lucirse ante una audiencia, y mucho menos imponer a toda costa su criterio.

El mejor destino al que podemos aspirar es vivir rodeados de gente que nos valora con sinceridad y que, aunque uno tenga cien años de edad o haya cometido muchas equivocaciones en su pasar por este rudo planeta, su imagen no sea la de un despojo merecedor de residir en un polvoriento desván.

Si maltrató a alguien con decisiones no pensadas, si frustró las esperanzas de quien esperaba mejores cosas de usted porque eligió un camino diferente, si hay lunares en su formación personal, en suma, si no es perfecto y sus amigos o parejas actuales lo quieren bien, ya sabrán perdonarlo.

¡Al carajo quienes pretendan aplicarle una infame expropiación de su identidad y manejarlo como una marioneta desgonzada!

¡Bienvenidos los cariños limpios y sin intenciones ocultas!

Lección 10
¡Despréndase de los miedos sociales!

Luego de un fugaz recorrido por varios aspectos decisivos para quien se proponga manejar su vida con autonomía, en vez de habitar en un lacrimoso valle de dependencias inútiles, llegamos al gran final de este texto, en el que he tratado de animarlo a ejercer su asertividad y construirse un medio favorable para el desarrollo de sus mejores potenciales.

He reservado el tema del miedo para esta última lección, motivado por el deseo de que sirviera como corolario a todas las que le anteceden y su contenido quedara resonando en sus procesos de pensamiento, mucho después de haber concluido la lectura.

Un caso citado por Freud en su estudio sobre las angustias que despierta la separación nos puede servir de guía para entender por qué el miedo —recordemos que es una de las emociones básicas con las cuales llegamos al mundo— puede convertirse en una incomodidad paralizante de la que deberíamos desprendernos.

En su obra *Tres ensayos sobre una teoría sexual* (1905), el sabio vienés nos presenta la escena de un niño pequeño que comparte su habitación con una tía.

En un momento dado, le dice:

—Tía, tengo miedo porque está muy oscuro. Háblame.

A lo cual ella argumentó:

—¿Y de qué serviría hablarte? ¿No será mejor que encienda la luz?

—No, habla, porque cuando hablas es como si hubiera luz —respondió el chico.

En una imagen que no deja de ser poética, el talento freudiano leyó la representación de lo que es la base profunda de los temores que nos acosan desde edades muy tempranas: la ansiedad de perder el contacto con otro ser humano a quien le hemos otorgado una relevante significación emotiva.

De ese miedo primigenio surge la necesidad de trasladar nuestros afectos a objetos que, en alguna medida, representan a quienes están ligados a ellos. (¿Recuerda la manta azul de Linus, el personaje de Charlie Brown?)

Vemos aquí la razón por la cual los enamorados se hacen regalos, guardan papeles, flores, tiquetes de funciones de cine que han compartido con felicidad y dotan de cualidades mágicas a cuanto adorna su embeleso.

Gracias a ese mismo efecto de desplazamiento, la gente conserva fotografías de experiencias memorables y, cuando alguien muy querido desaparece de sus vidas, guarda con cuidado prendas de vestir y hasta piezas de mobiliario que le pertenecieron.

Las cosas tangibles, cargadas de significado simbólico, los ayudan a sobrellevar el duelo por la pérdida, íntimamente unido al temor de "no existir cuando no está el compañero".

Éste es el elemento clave utilizado por aquellos que recurren al chantaje como medio para retener a sus parejas o a sus allegados. Al utilizar el miedo a una separación que puede anular su existencia, los amenazan con un inminente abandono si no aceptan ciertas condiciones.

En caso de que el objeto de la coerción tenga alguna indecisión sobre su valor individual o sufra de alguna tendencia a depender en exclusiva de la presencia de otro en quien haya depositado sus afectos, el miedo se dispara y el sometimiento "voluntario" queda garantizado.

Claro está que un vínculo de tal naturaleza de ningún modo puede ser satisfactorio o digno de ser catalogado como amoroso en el sentido real de la palabra; sin embargo, muchos se conforman con él en la creencia de que desaparecerán en el espacio al momento en que el chantajista les diga adiós.

El miedo es, sin duda, una energía poderosa y de una plasticidad tal que puede plegarse al dorso de otros sentimientos como la cólera o la congoja y forma una especie de moneda de doble faz, útil para encubrir datos emocionales que se anticipan como poco glamorosos en el ámbito social.

Tenemos un ejemplo en la reacción que muestran muchos de nuestros acompañantes de vida al vernos tristes o decaídos.

—¿Qué te pasa? ¡Levanta ese ánimo y cuenta tus bendiciones! ¿Qué razón tienes para andar con cara de funeral? ¿A qué le temes? ¡Enfrenta las cosas con valentía!

¿Le suenan conocidas esas expresiones? Seguro que es así, porque en casi todas las culturas occidentales la tristeza es vista como indicio de fragilidad y el temor, como la carencia de una sólida estructura de personalidad. Por tal razón, un número asombroso de individuos que tienen absoluta razón para sentirse desolados o inseguros se ponen una máscara pública de entereza o de resistencia al dolor, cuando no una de arrogancia o agresividad intimidante. Con ello encubren sus verdaderos estados de conmoción y ganan cierta admiración o una aparente respetabilidad.

Uno de los mayores conflictos que nos genera la ausencia de coraje, pertinente a nuestro interés actual, es el que nos lleva a dudar o quedarnos de una pieza cuando tendríamos que levantar la voz para exigir nuestros derechos y deshacernos de lo que nos impide desenvolvernos con plena libertad.

Piense nada más en las veces que ha presenciado la desagradable actuación de un avispado que se adelanta en la cola del banco o en la estación de servicio en la que varios conductores llevan tiempo esperando y no hay quien diga nada.

¿Qué tan alto llega su indicador de indignación y cuántas han sido las ocasiones en que ha decidido intervenir para ponerle un "hasta aquí" al abusivo?

Por favor, no responda en voz alta. Su credibilidad podría verse afectada. Tampoco se avergüence por ello. Es de toda sensatez que uno no desee confrontaciones peligrosas y opte por sumergirse en una calma de sacerdote budista, para no llegar a casa con un labio partido o al hospital por una lesión más seria.

Como anda de loco este mundo, quizás esa sea una sana precaución, pero, preguntemos aquí entre usted y yo: ¿Estará bien fundamentada la idea de que todos aquellos que ignoran el derecho ajeno sufren de peligrosas tendencias criminales o se trata de personajes sobrehumanos, capaces de desintegrar a cualquiera valiéndose de una suprema fortaleza física o de una poderosa arma asesina?

¿No habrá también una sensación temerosa dentro de los testigos del atropello que los lleva a buscar explicaciones acomodaticias para justificar su renuncia a intervenir?

¿Qué puede estar en la raíz de un miedo que, a todas luces, parece irracional?

Una nueva revisión a tientas en el oscuro armario de nuestra educación familiar podría llevarnos a encontrar el origen de esta predisposición al acobardamiento.

En lo profundo de quienes han sido criados bajo la fórmula de la subordinación absoluta a las exigencias externas, se crea una asociación entre el enardecimiento por alguna injusticia cometida por los padres y una fuerte sanción represora, que puede ser dolorosa tanto desde el punto de vista físico como psicológico.

El niño que se rebela, como ya hemos dicho, puede ser calificado como "malo", irreverente o peligroso por unos padres que basan casi toda su formación en la autoridad.

El natural y digno derecho a la autoafirmación queda así supeditado a la idea de que estamos en un estrato de inferioridad ante el resto de la humanidad y que lo que necesitamos con mayor urgencia es la aprobación externa.

Así ocurre en quienes han aprendido, de manera equivocada, que apartarse a un rincón o dejarse arrollar por la voluntad de quienes parecen tener algún tipo de supremacía es lo más adecuado.

Por obra de una infeliz combinación de opiniones aceptadas por la sociedad, el comportamiento del "más listo" termina por asimilarse al de quien posee unos privilegios que al resto de la gente se le concede sólo como generosas limosnas. La sensación que deja este depredador social con su desparpajo es la de un ser superior ungido por un poder desconocido para hacer uso de él como mejor le parezca.

Podemos deducir, entonces, que no es su gran dureza de carácter la que recompensa a unos granujas carentes de la más elemental cortesía en su repertorio de valores y a quienes les importa un comino el bienestar de la gente, sino el estado de reclusión que el miedo impone a los perjudicados.

Acá podemos validar aquel conocido refrán que dice: "La culpa no es del ciego, sino de quien le da el garrote".

¿Qué puede hacer usted con los temores que le atenazan frente a eventos que tal vez no sean tan riesgosos como lucen a primera vista? ¿Seguir padeciéndolos bajo el frustrante lema de "poner la otra mejilla" y quedar a la espera de una bendición celestial, mientras los colados en la fila lo zarandean de lo lindo? ¿Cree que con una sonrisa beatífica, lista para aguantar el asedio de los "chicos malos del barrio", se ahorrará complicaciones en su vida?

Con el debido respeto, me permito afirmar que, si esa es la condición para la que hemos sido formados, mejor será que nos trague la tierra.

Cuando es imperioso opinar o realizar una acción decisiva para poner un alto a lo que transgrede nuestros límites de tolerancia, la política abstencionista no será tan útil como pensamos. Una excesiva pasividad rara vez trae consigo ambientes sanos y satisfactorios. Antes bien, a la corta o a la larga, nos veremos cayendo en aquello que deseábamos evitar.

Tampoco es que alguien esté esperando que un ciudadano común y corriente se vista de superhéroe al estilo Batman para luchar contra los infames villanos de la realidad.

La reflexión que propongo va orientada en el sentido de librarnos de las cadenas del temor y acceder a todo aquello que creamos merecer, sin soportar agresiones de figuras que se valen de nuestras más primitivas aprehensiones para salirse con la suya.

¿Cómo se hace eso? ¿No se requiere acaso de un plan terapéutico para reforzar la personalidad y vencer atavismos que están en el inconsciente?

Quizás en personas seriamente impedidas por el miedo, como los fóbicos o aquellos que le temen a casi cualquier cosa que signifique oposición o rebeldía, la consulta psicológica sea un requisito indispensable. Sin embargo, para quienes sólo vacilan en situaciones que exigen la asertividad, una simple introspección y la decisión asumida de no dejarse llevar por delante serán suficientes.

Quedémonos, entonces, en el tipo de individuos que escogen apartarse de las confrontaciones asertivas.

En un párrafo anterior apunté que entre las emociones esenciales es factible un solapamiento, capaz de sustituir la expresión de una por otra. Por la acción de ese interesante fenómeno, un individuo que aparenta ser bastante pusilánime o endeble en su actuar puede tener dentro de sí el potencial para transformarse en un volcán en erupción cuando la presión de los acontecimientos lo lleva a estallar.

El conocimiento –intuitivo o no– de aquella potente carga interna es el factor que lo obliga a cubrirse con una capa de mansedumbre y timidez.

Recordemos, por ejemplo, la imagen del famoso jorobado de Nuestra Señora de París para darnos una imagen viva de lo que ocurre con esa clase de individuos. Según la narración de Víctor Hugo, el campanero de aquella catedral era el objeto de todas las afrentas que se le pueden hacer a un ser humano aquejado por una deformación física.

El manso servidor sobrellevaba en silencio las burlas, hasta que se vio forzado a desplegar su fuerza bruta para rescatar a Esmeralda, la mujer de la que se había enamorado. Fueron testigos de su violenta rebelión los cobardes que se habían congregado para la ejecución de la gitana, así como los soldados que intentaron prenderle cuando se refugió en lo alto de la iglesia, donde era invencible.

El desenlace de la historia lo dejo a su memoria o a su interés por averiguarlo en el famoso texto decimonónico.

Caracteres novelescos aparte, quien haya tenido ocasión de presenciar la impactante reacción de un timorato cuando no le queda otra alternativa que defen-

derse de un ataque inminente o intervenir para cuidar
a un ser querido en peligro sabrá a qué me refiero.

Allí tenemos la prueba de que, detrás de una aparente cobardía, puede esconderse un carácter explo-
sivo del cual haríamos bien en cuidarnos.

Debo suponer que tras de estas argumentaciones usted ha captado el concepto que le he querido
transmitir:

Nadie es tan cobarde como aparenta. Los mied
mayores están en nuestra mente.

La ciencia psicológica ha demostrado que lo más
probable es que quien se abstiene ante un reto razonable de la vida cotidiana tiene en su mente un escenario
apocalíptico en donde no es él el lesionado, sino el
otro, a quien se dirige el contenido agresivo, es decir,
el miedo más "común" de la "gente común" es incurrir
en un acto que saque lo que lleva reprimido en su interior y enfrentarse a graves consecuencias.

Si usted logra entender que es un ser valioso
y controlado y que el personaje que abusa en una
calle cualquiera no es un peligroso criminal, le será
mucho más fácil desprenderse del miedo y hacer
una intervención asertiva.

Tal vez, con una actitud firme pero no violenta y
unas simples palabras o un gesto que lo acompañen
pueda lograr un cambio positivo. Se sorprendería

de la cantidad de individuos que aceptan, sin mayores enfrentamientos, un llamado de atención de esa clase.

La posible salida a las contradicciones que se producen como resultado de un atropello en el medio social viene dada por una redefinición de los códigos personales que llevamos impresos en el "disco duro" de la conducta.

Reconocer el disgusto que nos ocasiona una arbitrariedad sería el paso inicial. Al validar nuestro derecho a la protesta, estaremos dando un paso hacia adelante desde lo que aprendimos en la niñez.

Como segundo eslabón de la cadena, tendremos que elegir con rapidez entre las alternativas que se nos ofrecen: escapar, callar, insultar o actuar de forma controlada e inteligente.

Lo que se obtenga de este corto análisis dependerá de la forma como usted evalúe su papel en la situación específica. Si su miedo es avasallante e inmanejable, mi consejo es que adopte cualquiera de las dos primeras opciones. Nadie podrá reclamarle con razón que proteja su integridad por encima de cualquier otra consideración.

Si se da cuenta de que no se trata de ametrallar a alguien o lanzar cargas de profundidad, sino de afirmar su condición de persona respetable, proceda a descartar las tres opciones anteriores y quedarse con la última.

Una participación asertiva pasa por medir el campo de acción que se tiene frente a los ojos. Bastará con exigir el acatamiento de una regla aceptada de convivencia sin perder los estribos. Piense que al servir de modelo a otros es muy probable que haya en las cercanías un número de seguidores que lo respalden para poner en su sitio al transgresor.

Cuando uno decide desmontar el entramado del pánico visceral a una catástrofe, que por lo general no ocurre, a su olfato llega un grato aroma a entereza y valor que no se olvida con facilidad.

Mis disculpas si insisto en rebuscar símiles en el espacio de la literatura, pero como muestra de esta sensación incomparable le dejaré la mejor alegoría que he hallado en el extraordinario cuento de *Alicia en el País de las Maravillas*.

En su escapada de aquella tierra de locura, Alicia huye de un flamígero dragón hasta el momento en que traspasa el espejo que se encontraba en la sala de su hogar. Fortalecida por la seguridad de estar bajo la protección de la realidad conocida, gira su cuerpo para confrontar a su perseguidor y le grita con decisión:

—¡No te temo! ¡No existes! ¡Eres sólo parte de mi imaginación y no puedes hacerme nada!

Acto seguido, el monstruo se descompone y, en un abrir y cerrar de ojos, desaparece. Todo lo que resta en la superficie pulida es el reflejo del rostro sereno de la muchacha que ha superado el terror que antes le invadía.

En la seguridad de que ya ha fijado usted el contenido central de esta lección, procedo a cerrarla confiando en que su mejor criterio se impondrá para evaluarla y extraer de ella lo que mejor se adapte a su estilo de personalidad.

Si es o ha sido en algún momento copartícipe pasivo de un chantaje, un abuso o, peor aún, el protagonista activo de un atropello injustificado que ahora reprueba, no tiene mucho de qué sentirse orgulloso. Solo espero que sea benevolente consigo mismo y se proponga cambiar, para progresar con decisión en la línea evolutiva de la ciudadanía.

En cambio, si ha hecho valer su presencia y se le conoce por su sentido de la responsabilidad y el apego al buen trato con los demás, sabrá lo que es el inmenso placer de mandar al carajo al dragón de Alicia y a toda su cohorte de asustadores.

¡Feliz vida para usted!

Una advertencia para terminar:
cuidado con la vanidad

El conocido escritor Antoine de Saint-Exupéry dejó para la posteridad una extraordinaria sentencia con la cual podemos arrancar esta sección conclusiva:

Para los vanidosos, todos los demás hombres son admiradores.

Maravilla la lucidez del autor de *El Principito* para encerrar, en tan pocas palabras, el hondo afán que sienten los humanos por alabanzas, admiración y, en última instancia, el íntimo deseo de ser reverenciados como tótems.

Una secuela de la etapa primaria de nuestro desarrollo subyace a ese anhelo manifiesto o encubierto que nos caracteriza y que es un rasgo universal en cuanta personalidad uno pueda describir, aun en aquellas que se distinguen por su desprendimiento y ausencia de egoísmo.

Pero, ¡calma!... no tiene que sorprenderse o alarmarse demasiado por tan categórica afirmación. La precedencia que tiene uno mismo sobre los demás es de lo más normal y, sin duda, explicable. No puede existir un tú si antes no existe un yo.

El problema aparece cuando el ego se vuelve insaciable y vanidoso, porque bajo sus mandatos nos puede llevar a confines inimaginables. Pruebas de ello las tenemos a montones en cuanta cabriola se haya visto en el mundo, ya sea en el campo social, económico, amoroso, artístico y, con los peores resultados, en lo político.

Mucho de lo que encontramos en el historial de los mayores fracasos de la humanidad, en conflagraciones espeluznantes, en las cartas de despedida de los suicidas y en lo más bajo a lo que ser alguno pueda llegar tiene en su trasfondo la tétrica sombra de la vanidad.

Gracias a su extraordinaria capacidad mimética, esta astuta liebre se las arregló para escapar del breviario religioso en el que se asentaron los siete pecados capitales y dejó en su lugar a la soberbia, que es su tosca y repugnante hermana gemela.

Por efecto de esa refinada gracia para el disfraz, le resulta sencillo colarse en el aceptable protocolo social vestida de lujo y con el fastuoso nombre de glamur, una cualidad que sólo se le atribuye a un muy selecto grupo de personas.

Cuando lo que se requiere no es una elegancia palaciega, sino una demostración de inefable generosidad, cambia su atuendo por un ropaje menos vistoso y se lanza en pos de algunos pobres a quienes les distribuye limosnas a cambio de aplausos y besos de mano o se da un paseo por los hospitales en los que graves enfermos se debaten entre la vida y la muerte y allí reparte torrentes lacrimosos, asegurándose de que haya una cámara cerca o unos reporteros ávidos de noticias que publicar en las páginas de la buena sociedad.

La vanidad es así, taimada, veloz, seductora, adaptable a cada personalidad y, sin duda, el enemigo más fuerte a vencer cuando uno desea vivir en la más deseable libertad.

Por ello, mi advertencia de salida tiene que ser dedicada a que tase su peso real como un ser normal (espero) y ponga un cuidado mayúsculo, para no dejar caer su pie sobre el campo minado que la propaganda vanidosa pinta con colores brillantes y atractivos.

En el trayecto que hace tiempo inicié para que la libertad individual fuera uno de los valores fundamentales de mis lectores, he visto con desconsuelo a algunos que se vanaglorian de poseer un arte natural para mandar a la gente al carajo.

Sus aspavientos, usualmente montados sobre la arrogancia, los llevan a perder el rumbo y pasarse al bando de quienes son un azote digno de una sonora patada en el trasero.

Si usted ha asimilado algo de lo que ha encontrado en estas páginas y cree que puede llegar a dominar el arte de espantar de su lado a los impertinentes, no puede admitir en su lista de prioridades a la vanidad.

La asertividad requiere de una actitud humilde y, como tal, no puede estar vinculada a la necesidad de aclamación ni al ansia de dominar a nadie.

Aquel que sabe la medida de su valor y el poder que guarda en su palabra tiene la modestia de Diógenes de Sínope, el humor de Wilde o Chaplin y la fortaleza espiritual de Gandhi o Mandela.

El vanidoso, en cambio, es débil. Su campo de acción es estrecho y su andar, melindroso y torpe. Siempre que cree tener el mundo a sus pies es porque camina sobre los adulantes que no vacilan en tenderse para servirle de mullida alfombra.

Cuando se le hincha el pecho por el triunfo que cree haber conseguido sobre sus semejantes es porque se ha rodeado de gente asustadiza que tiembla ante el maullido de un gato.

La vanagloria jamás dará un mejor resultado que tratar a los otros con apego a las normas de una sana convivencia, respetarlos y exigir la retribución equitativa a que haya lugar. Reír con ellos y, en lo posible, acompañarlos de modo solidario en sus dolores es la verdadera recompensa.

Mandar al carajo a la vanidad es la conclusión final de este grupo de lecciones, cuya única motivación es sumar más voluntarios en una campaña para la libertad a la que todos debemos aspirar, sin estorbos ni saboteadores. Allí puede estar la felicidad.

Si he logrado animarlo y darle algo de confianza en sus capacidades para ser libre, ya me doy por bien pagado.

Gracias a Saint-Exupéry por su aporte filosófico y, desde luego, por El Principito.

¡Que disfrute usted más de lo que espera!

Como mandar a la gente al carajo en diez nuevas lecciones,
de César Landaeta H.
se terminó de imprimir en marzo de 2014
en Quad/Graphics Querétaro, S. A. de C. V.,
Fracc. Agro Industrial La Cruz El Marqués
Querétaro, México.